MERIAN*momente*

NÜRNBERG

RALF NESTMEYER

Zeichenerklärung

 barrierefreie Unterkünfte
familienfreundlich
Hunde erlaubt
Der ideale Zeitpunkt
Neu entdeckt
 Faltkarte

Preisklassen

Preise für ein Doppelzimmer mit Frühstück:

| €€€€ | ab 170 € | €€€ | ab 120 € |
| €€ | ab 70 € | € | bis 70 € |

Preise für ein dreigängiges Menü:

| €€€€ | ab 65 € | €€€ | ab 35 € |
| €€ | ab 18 € | € | bis 18 € |

NÜRNBERG ENTDECKEN 4

NÜRNBERG ERLEBEN 20

NÜRNBERG
ENTDECKEN

Die Karlsbrücke führt über die Pegnitz
auf die Sebalder Altstadtseite (▶ S. 54).

MEIN NÜRNBERG

»Tradition und Moderne« – Nürnberg verbindet beides:
Die Stadt ist eines der meistbesuchten romantischen Reiseziele
Europas. Zwischen Kaiserburg und dem Neuen Museum lockt
die ganze Vielfalt der fränkischen Metropole.

Stadt, Land, Fluss – auf Nürnberg übertragen bedeutet dies Burg, Altstadt, Pegnitz! Die alte Reichsstadt ist eine Schatztruhe. Fast 1000 Jahre
Geschichte warten darauf, erkundet zu werden. Obwohl Nürnberg heute
eine Großstadt mit über 500 000 Einwohnern ist, bleibt das touristisch
bedeutsame Stadtbild so übersichtlich wie in sich geschlossen. Innerhalb
des Nürnberger Zentrums lässt sich daher jedes Museum und jede Se-
henswürdigkeit bequem zu Fuß erreichen. Da die Altstadt von einer
Stadtmauer umgeben ist, deren Grundriss einem Parallelogramm ähnelt,
fällt die Orientierung leicht. Nach Norden hin steigen die Gassen und
Straßen zur Burg hin an. Den Wechsel zwischen den beiden Stadthälften
erleichtern mehrere (Fußgänger-)Brücken. Mit dem Auto kann man sich

◄ Willkommen im Mittelalter: Tiergärtnertor
und Kaiserburg (► MERIAN TopTen, S. 55).

in der Altstadt allerdings kaum fortbewegen, und selbst auf öffentliche Verkehrsmittel lässt sich hier leicht verzichten. Die Stadt ist zu Fuß und mit dem Fahrrad bequem und leicht zu durchqueren.

SCHATZKÄSTLEIN DES REICHS

Nürnberg galt als ein Symbol für das glorreiche deutsche Mittelalter und wurde aufgrund seiner zahlreichen Kunst- und Kulturdenkmäler als des »Deutschen Reiches Schatzkästlein« gerühmt. Hier wurden die Reichskleinodien des Heiligen Römischen Reiches verwahrt, und jeder neu gewählte deutsche König musste hier seinen ersten Reichstag abhalten.
Das 15. und 16. Jh. gelten als das »Goldene Zeitalter« Nürnbergs. Die mächtige Reichsstadt wurde in einem Atemzug mit Venedig, Brügge und anderen großen europäischen Metropolen genannt. Wirtschaft und Handel florierten, kaum eine andere Stadt beherbergte so viele Künstler innerhalb ihrer Mauern. Während dieser Blütejahre prägten Albrecht Dürer und Michael Wolgemut, Adam Kraft, Peter Vischer, Veit Stoß und Wenzel Jamnitzer das Ansehen der Stadt. Auch in literarischer Hinsicht machte Nürnberg auf sich aufmerksam. Drei der bedeutendsten Dichter volkstümlicher Fastnachtspiele, Schwänke und Dramen wirkten hier: Hans Sachs, Hans Folz und Hans Rosenplüt.

BUNTE MUSEUMSLANDSCHAFT

Einen Teil der damals geschaffenen Kunstschätze kann man im Germanischen Nationalmuseum bewundern. Doch gibt es in Nürnberg noch weit mehr zu entdecken als Gemälde und Fayencen. Jüngere Besucher bekommen bei einem Hinweis auf das Spielzeugmuseum leuchtende Augen, während Technikinteressierte die Auswahl zwischen dem DB-Museum und dem Museum Industriekultur haben. Einen eleganten Abriss der Stadtgeschichte vermittelt das Fembohaus, das mit seiner prachtvollen Renaissancefassade ein Blickfang auf dem Weg zur Kaiserburg ist.
Man muss allerdings nicht unbedingt ins Museum gehen, um in den Genuss hochwertiger Kunst zu kommen: Die beiden Hauptkirchen beherbergen mit dem Sebaldusgrab aus der Werkstatt von Peter Vischer, dem »Englischen Gruß« von Veit Stoß und dem Sakramentshäuschen von Adam Kraft drei der herausragendsten Werke der Kunst des deutschen Spätmittelalters. Das Albrecht-Dürer-Haus erinnert an den berühmtes-

ten Sohn der Stadt, der zu Recht als bedeutendster deutscher Maler gepriesen wird. Und für Hans Sachs, den dichtenden Schuhmacher, wurde vor dem Weißen Turm mit dem sogenannten Ehekarussellbrunnen ein großzügiges poetisches Denkmal geschaffen.

Manchmal genügen wenige Jahre, um den hehren Ruf der Vergangenheit zu beschädigen. Die Propagandabilder von den »Reichsparteitagen«, die »Nürnberger Gesetze« und die nach Kriegsende stattfindenden »Nürnberger Prozesse« prägten das Image der Stadt nachhaltig. Mit dem viel gerühmten Dokumentationszentrum auf dem ehemaligen Reichsparteitagsgelände und dem Memorium Nürnberger Prozesse im Schwurgerichtssaal 600 hat man es geradezu mustergültig verstanden, die Schattenseiten der Nürnberger Geschichte aufzuarbeiten.

NÜRNBERGER TAND IM GANZEN LAND

In Nürnberg hat selbst die Zukunft Tradition. Schon im Mittelalter war der Nürnberger Witz, sprich Erfindergeist, in ganz Europa ein Begriff. Und auf allen bedeutenden Märkten waren die Kaufleute der Reichsstadt präsent, wie das Sprichwort »Nürnberger Tand geht durch alle Land« noch heute in Erinnerung ruft. Aus Nürnberg stammt zudem eine Vielzahl technischer Innovationen: Der Patrizier Peter Stromer gilt dank der von ihm begründeten Nadelwaldsaat als »Vater der Forstkultur«. Sein Halbbruder Ulman Stromer errichtete 1390 an der Pegnitz die erste Papiermühle nördlich der Alpen, Martin Behaim entwickelte hier seinen berühmten Globus, und Peter Henlein bastelte an seiner Taschenuhr, dem »Nürnberger Ei«. Im anbrechenden Industriezeitalter spielte Nürnberg im süddeutschen Raum eine führende Rolle, und so verwundert es auch nicht, dass die erste Eisenbahn auf dem europäischen Kontinent 1835 von Nürnberg nach Fürth fuhr.

Erst im 19. Jh. wuchs Nürnberg über seine Mauern hinaus und entwickelte sich zu einer modernen Industriestadt, in der vor allem die Elektro- und Metallindustrie florierte. Firmennamen wie MAN oder die großen Bleistifthersteller Staedtler, Lyra, Schwan-Stabilo und Faber-Castell sind untrennbar mit Nürnberg verbunden. Nicht zu vergessen: die Spielwarenindustrie, deren lange Tradition dazu geführt hat, dass alljährlich in Nürnberg die weltweit bedeutendste Spielwarenmesse abgehalten wird. Apropos Messe: Nürnberg gehört zu den führenden Messestandorten Europas.

Der Strukturwandel der letzten Jahrzehnte hat die traditionellen Industriezweige Maschinenbau und Elektrotechnik in eine schwere Krise gestürzt, selbst die Druckindustrie blieb nicht verschont. Gleichzeitig hat sich Nürnberg zu einem beliebten Standort für die Hightechindustrie und den Dienstleistungssektor gewandelt. So betreibt beispielsweise die Firma Alcatel-Lucent im Nordostpark ihr größtes Forschungszentrum außerhalb der USA. Die Nürnberger Versicherung und die im Steuerberatermarkt tätige DATEV sind die größten Arbeitgeber der Stadt. Hinzu kommen mehrere Callcenter und die Marktforschungsinstitute, allen voran die GfK, die maßgeblich dazu beigetragen haben, dass inzwischen jeder dritte deutsche Marktforscher in der Frankenmetropole arbeitet.

Das wirtschaftliche Potenzial der Stadt wurde auch von der Europäischen Union gewürdigt: Zusammen mit der Kleeblattstadt Fürth und der Universitätsstadt Erlangen bildet Nürnberg das Herzstück der »Metropolregion Franken«.

HOHE LEBENSQUALITÄT

Internationale Studien bescheinigen Nürnberg eine hohe Lebensqualität. In den verschiedenen Rankings steht die Frankenmetropole beispielsweise vor Hamburg oder San Francisco. Was Gesundheitsversorgung und Umwelthygiene betrifft, so rangiert Nürnberg weltweit sogar unter den Top Ten. Es ist gerade die Mischung aus einer modernen Großstadt auf der einen und einer charakteristischen Altstadt auf der anderen Seite, die auch von den Besuchern geschätzt wird. Es lebt sich gut in Nürnberg. Dies drückt sich in der großen Verbundenheit und in einer überdurchschnittlich hohen Identifikation der Einheimischen aus.

Zu den weiteren Aktivposten zählen das umfangreiche Freizeitangebot sowie ein abwechslungsreiches Naherholungsgebiet. Das Pegnitztal oder der Reichswald bieten sich geradezu für Spaziergänge und Radtouren an. Ein Stückchen weiter verlocken die Hersbrucker Alb und die Fränkische Schweiz mit ihren vielen Privatbrauereien zum Einkehren, Wandern und Klettern. Mit dem Auto oder öffentlichen Nahverkehr sind die karstigen Felsen in nicht einmal einer Stunde genauso schnell zu erreichen wie das Fränkische Seenland, an dessen Badeseen sich in den Sommermonaten Wasserratten und Sonnenanbeter tummeln.

DER AUTOR

Der Historiker und Reiseschriftsteller **Ralf Nestmeyer** ist gebürtiger Nürnberger und der Frankenmetropole bis heute treu geblieben, obwohl ihn die Recherchen für seine zahlreichen Reiseführer immer wieder in die schönsten europäischen Städte und Regionen führen. Neben seinen Reiseführern hat er auch mehrere literarische Sachbücher geschrieben (www.nestmeyer.de).

⭐

MERIAN TopTen

Diese Höhepunkte sollten Sie sich bei Ihrem Besuch auf keinen Fall entgehen lassen: Ob Kaiserburg, Lorenzkirche oder Germanisches Nationalmuseum – MERIAN präsentiert Ihnen hier die wichtigsten Sehenswürdigkeiten Nürnbergs.

1 Christkindlesmarkt

Glühwein, Lebkuchen und Bratwürste vor der Kulisse der Frauenkirche: Der zweifellos berühmteste deutsche Weihnachtsmarkt lockt alljährlich ca. 2 Mio. Besucher nach Nürnberg (▶ S. 42, 45).

2 Burg

Eine der mächtigsten Festungsanlagen Europas und bis heute das unumstrittene Wahrzeichen der Stadt (▶ S. 55, 117).

3 Hauptmarkt

Ein geschichtsträchtiger Ort: Nürnbergs kopfsteingepflastertes »Wohnzimmer« mit Schönem Brunnen, Frauenkirche und Grünem Markt (▶ S. 61, 116).

4 Lorenzkirche

Im Inneren sind mit dem Sakramentshäuschen und dem Engelsgruß zwei bedeutende Werke zu sehen (▶ S. 73, 115).

5 Tiergarten Nürnberg

Ein herrlich gestalteter Landschaftszoo! Für alle, die einmal sehen wollen, wie Eisbären tauchen, Delfine schwimmen oder Tiger baden (▶ S. 98).

6 Dokumentationszentrum Reichsparteitagsgelände

Eindrucksvoll sind hier die dunklen Seiten der Nürnberger Vergangenheit während der Zeit des Nationalsozialismus zu sehen (▶ S. 106).

7 Germanisches Nationalmuseum

Ein wahrer Tempel der Kunst und Kultur in Deutschland: mit mehr als 25 000 Ausstellungsstücken von der Frühzeit bis zur unmittelbaren Gegenwart eine einzigartige Fundgrube (▶ S. 107, 119).

8 Museum Industriekultur

In den Hallen eines ehemaligen Eisenwerks ist der massive Wandel, der in den letzten 200 Jahren die Technik und das Alltagsleben ergriffen hat, sehr anschaulich zu fassen (▶ S. 109).

9 Neues Museum

Hinter der spektakulären Glasfassade am Klarissenplatz verbirgt sich ein keineswegs alltägliches Museum, das moderne und zeitgenössische Kunst und internationales Design atemberaubend in Szene setzt (▶ S. 110, 115).

10 Tiergärtnertorplatz

Direkt an die Stadtmauer geschmiegt, besitzt dieser Platz unterhalb der Burg ein einzigartiges Flair – nicht nur in den Sommermonaten (▶ S. 118).

MERIAN Momente
Das kleine Glück auf Reisen

Oft sind es die kleinen Momente auf einer Reise, die am stärksten in Erinnerung bleiben – Momente, in denen Sie die leisen, feinen Seiten der Stadt kennenlernen. Hier geben wir Ihnen Tipps für kleine Auszeiten und neue Einblicke.

❶ Stille Stunden unter alten Bäumen im Burggarten 🔖 B 4

Auf die Burg hinauf pilgern fast alle Touristen im Laufe ihres Nürnbergbesuchs, sie besichtigen die Kaiserburg und werfen einen Blick in den Tiefen Brunnen. Leider versäumen es aber die meisten, durch den in den Sommermonaten geöffneten Burggarten zu spazieren, da der Eingang etwas versteckt ist. Zur idyllischen Gartenanlage auf den mächtigen Festungsmauern gelangt man durch ein hölzernes Tor in der Nähe des Fünfeckturms. Der Garten ist ein Kleinod und bietet so ungewohnte wie tolle Blicke auf die Befestigungsanlagen. Glücklicherweise findet sich unter den alten Bäumen und den gepflegten Blumenrabatten stets eine freie Sitzbank für eine kleine Pause.
Sebalder Altstadt

❷ Eine Fahrt mit der historischen Straßenbahn 🔖 B 4

Nürnberg spielte in verkehrstechnischer Hinsicht häufiger eine Vorreiterrolle. Hier fuhr mit dem Adler 1835 die erste Eisenbahn, und seit 1898 gab es eine erste elektrische Straßenbahnlinie. Seither sind viele Generationen von Straßenbahnen durch die Stadt gezuckelt, viele Linien wurden infolge des U-Bahn-Baus dann wieder eingestellt. Glücklicherweise kann man noch jeden ersten Samstag im Monat mehrmals zu verschiedenen Zeiten mit einer Oldtimerbahn entlang der historischen Burglinie 15 fahren. Bei Älteren werden Kindheitserinnerungen lebendig, an jene Zeiten, als es nicht nur einen Fahrer, sondern außerdem noch einen Schaffner gab, der im Wagen die Fahrkarten kontrollierte und verkaufte. Die Sitze sind zwar hart, aber das Flair und die Perspektive auf der auch für eine Stadterkundung wunderbar geeigneten Rundfahrt sind einmalig!

Sebalder Altstadt

3 Weißer Christkindlesmarkt und heißer Glühwein   B 5

Keine Frage: Im Dezember führt kein Weg am Christkindlesmarkt vorbei. Zu den magischen Momenten gehört es ganz gewiss, wenn man zufällig bei Schneefall in Nürnberg ist und auf den Dächern der Buden und der Frauenkirche die weiße Pracht wie hingezaubert wirkt. Der verführerische Duft von Glühwein und Bratwürsten liegt in der Luft, und die Krippenfiguren und andere Weihnachtsdekorationen lassen dann nicht nur Kinderherzen höher schlagen. Selbst bei Sonnenschein ist der Markt nur halb so schön, wie an jenen seltenen Tagen, an denen frischer Neuschnee die Schritte dämpft und alle Besucher bezaubert.

Sebalder Altstadt | Hauptmarkt

4 Fachwerkromantik am Tiergärtnertorplatz   B 4

Der Tiergärtnertorplatz ist gewissermaßen die gute Stube von Nürnberg. Kopfsteingepflastert schmiegt er sich fast am höchsten Punkt der Altstadt an die historische Stadtmauer. Hier finden sich ein paar der schönsten Fachwerkhäuser Nürnbergs, darunter auch das Albrecht-Dürer-Haus. Aber weniger Albrecht Dürer und eine moderne Hasenskulptur, sondern das besondere Flair des abschüssigen Platzes ziehen selbst die Einheimischen magisch an. Da ist einmal das Szene-Café Wanderer, das den westlichen Teil des Platzes mit seinen Stühlen und Tischen erobert hat, hinzukommt noch viel junges Publikum, das es sich an lauen Sommerabenden einfach auf dem

Pflaster bequem macht, ein Bier trinkt und sich an der tollen Kulisse erfreut.
Sebalder Altstadt

5 Ein Picknick auf der Insel in der Pegnitz ✔ B5

Cafés und Restaurants gibt es in der Innenstadt mehr als genug. Wie wäre es da zur Abwechslung mal mit einem Picknick? Nicht auf dem Hauptmarkt, sondern auf der Ostspitze der Trödelmarktinsel, deren kleine steinumrandete Rasenfläche wie ein Schiffsbug in die Pegnitz ragt. Im Sommer eignet sich die Grünfläche hervorragend für eine kleine Picknickpause oder auch ein kurzes Sonnenbad. Umsonst gibt es auch den tollen Blick über die Fleischbrücke bis hin zum Heilig-Geist-Spital.
Trödelmarktinsel

6 Panoramablick vom Parkhaus Adlerstraße ✔ B5

Zur Stadtbesichtigung ins Parkhaus? Nein, nicht ins, sondern auf das Dach des Parkhauses Adlerstraße muss man gehen, will man den besten Burgblick haben. Mit dem Aufzug geht es sieben Stockwerke hinauf und dann durch eine Feuerschutztür auf das offene Parkdeck. Dort erwartet einen ein grandioses Pa-

norama: Über den Hauptmarkt und die Silhouette der Sebalduskirche hinweg bis zur Burg, die sich mit ihrer Breite von 300 m über der Stadt erstreckt.
Lorenzer Altstadt | Adlerstr. 4

7 In den Nachtstunden am Neuen Museum ✔ C6

Selbst Kulturbanausen werden von dem nächtlichen Anblick des Neuen Museums begeistert sein. Sobald es dunkel wird, leuchtet die gläserne Fassade des Hauses und lässt das Museum mit seinen großformatigen Kunstwerken und der spiralförmigen Treppe in einem fantastischen Licht erstrahlen. Auf dem vorgelagerten Klarissenplatz gibt es sogar Sitzplätze, auf denen sich diese Lichtinstallation ausgiebig bewundern lässt. Und auch die Lust auf einen Museumsbesuch am nächsten Tag wird so vielleicht geweckt!
Lorenzer Altstadt | Klarissenplatz

8 Relaxen auf der Wiese im Rosenaupark ✔ C3

Nur fünf Fußminuten von der Altstadt entfernt liegt der Rosenaupark, eine kleine innerstädtische Oase, in die es kaum Ortsfremde verschlägt. Da sich die Parkanlage hinter einer langweiligen Häuserfront am Altstadtring versteckt, findet man den Weg nur durch Zufall. Bereits im 19. Jh. gab es in der Rosenau einen Vergnügungspark mit einem Weiher. Heute ist die Rosenau eine beschauliche Grünanlage mit einem großzügigen Kinderspielplatz. Auf der Wiese liegen im Sommer die Studenten und Anwohner in der Sonne, und mit dem Café Kiosk lockt ein herrliches Tagescafé mit schattiger Terrasse zur Einkehr.
Gostenhof

9 Eine Runde Eislaufen am Alten Kanal

Es muss kalt sein, lange richtig kalt, denn nur dann ist der Ludwigskanal so zugefroren, dass man dort Schlittschuhlaufen kann. Der rund 15 m breite Kanal, der 1836 bis 1846 als Wasserverbindung zwischen Main und Donau erbaut wurde, ist ein faszinierendes Industriedenkmal. Er führt im Süden Nürnbergs am Stadtteil Gartenstadt vorbei und eignet sich auch zu jeder anderen Jahreszeit für einen Spaziergang oder eine Fahrradtour bis nach Schwarzenbruck, wo der Kanal als Brücke spektakulär über eine Schlucht geführt wird.

Gartenstadt | Ludwigskanal

10 Gratis Klassik hören im Luitpoldhain F4

Das Klassik Open Air im Luitpoldhain ist Europas größte Freiluftveranstaltung mit klassischer Musik. Diesen kostenlosen Event sollte man sich nicht entgehen lassen! Ausgerüstet mit Picknickdecken und Klapptischen strömen jedes Jahr Ende Juli und Anfang August mehr als 100 000 Menschen herbei, um sich von den Nürnberger Symphonikern und den Nürnberger Philharmonikern verzaubern zu lassen. Das zweistündige Musikvergnügen strahlt eine ganz besondere Atmosphäre aus. Wenn möglich, dann sollte man sich rechtzeitig einen Platz sichern.

Gleißhammer

11 Den Sonnenuntergang auf dem Rechenberg erleben G2

Der im Osten gelegene Rechenberg, zu dessen Füßen auch der berühmte Philosoph Ludwig Feuerbach die letzten zwölf Jahre bis zu seinem Tod 1872 gelebt hatte, ist bei den Einheimischen bekannt für seine Aussicht. Im Winter kommen vor allem Kinder zum Schlittenfahren, Hobbyastronomen besuchen die dort gelegene Sternwarte, um ferne Gestirne zu beobachten. Doch eigentlich braucht man gar keine Teleskope: Wenn die Sonne hinter der Nürnberger Burg untergeht, dann kann man das hier als Breitbandpanoramashow erleben.

Schoppershof

NEU ENTDECKT
Darüber spricht ganz Nürnberg

Nürnberg befindet sich stetig im Wandel: Sehenswürdigkeiten werden eingeweiht, es gibt neue Museen, Galerien und Ausstellungen, Restaurants und Geschäfte eröffnen, und ganze Stadtviertel gewinnen an Attraktivität, die Stadt verändert ihr Gesicht. Hier erfahren Sie alles über die jüngsten Entwicklungen – damit Sie keinen dieser aktuell angesagten Orte verpassen.

◀ Burger für Feinschmecker? Das ist im Restaurant Hans im Glück (▶ S. 18) Programm.

MUSEEN UND GALERIEN

Kunstvilla C 5

Die neueste Eröffnung in der reichen Nürnberger Museen- und Kulturlandschaft: Seit Mai 2014 werden in einer repräsentativen, denkmalgeschützten Stadtvilla am Rand der Altstadt auf einer Fläche von 600 qm Kunstwerke aus dem 20. und 21. Jh. präsentiert. Da die Exponate größtenteils aus städtischen Sammlungen stammen, hat die Dauerausstellung einen starken regionalen Bezug und gewährt einen vielfältigen Blick auf die Kreativität der fränkischen Kunst von 1900 bis zur Gegenwart. Das Haus organisiert außerdem interessante Wechselausstellungen.

Marienvorstadt | Blumenstr. 17 | U-Bahn: Hauptbahnhof | www.kunstkulturquartier.de/kunstvilla | Di, Do–So 10–18, Mi 10–20 Uhr | Eintritt 2,50 €, Sonderausstellungen 5 €

Museum 22/20/18 Kühnertsgasse  E 3

Das in jahrelanger Arbeit mühsam restaurierte Ensemble der drei mittelalterlichen Handwerkerhäuser beherbergt nun ein ansprechendes Museum, das interessante Einblicke in das Alltagsleben und die Arbeitswelt von Handwerkern im reichsstädtischen Nürnberg gewährt. Mehrere der damals in Nürnberg ausgeübten Berufe, so beispielsweise die der Rotschmiede, Weißgerber oder Nagler, werden anschaulich vorgestellt. Darüber hinaus können sich die Besucher ein Bild von den verschiedenen Phasen der Baugeschichte des Häuserensembles machen.

Lorenzer Altstadt | Kühnertsgasse 18–22 | U-Bahn: Lorenzkirche | www.altstadtfreunde-nuernberg.de/museum.html | Mi, Sa, So 14–17 Uhr | Eintritt 3 €, erm. 2 €

ÜBERNACHTEN

Hotel Saxx B 5

Im Herzen der Stadt – Das einzige Hotel direkt am Hauptmarkt wurde erst im Frühjahr 2014 in einem Eckhaus eröffnet. Nicht nur die zentrale Lage, auch die ansprechenden, im Boutique-Stil eingerichteten Zimmer mit ihren allergikerfreundlichen Böden und den modernen Bädern sind ein Plus. Wenn möglich, sollte man ein Zimmer mit Blick auf den Schönen Brunnen und die Frauenkirche reservieren. Mit Garage.

Sebalder Altstadt | Waaggasse 3 | Bus: Hauptmarkt | Tel. 24 27 00 | www.sorat-hotels.com/de/hotel/saxx-nuernberg.html | 103 Zimmer | ♿ | €€€

ESSEN UND TRINKEN

Australian Bar C 4/5

Down under – Nürnberg auf dem Exotiktrip: Statt Schäufele isst man hier Kängurufilet, manchmal auch Strauß oder Krokodil. Zum Frühstück gibt es »Flap Jacks«, das sind Pfannkuchen mit

Ahornsirup, auf Wunsch auch mit Bananenscheiben und Walnüssen. Die Räumlichkeiten sind in dunklen Tönen samt Schlangen- und Krokodillederoptik gehalten. Man kann in der riesigen Bar mit ihrem dominierenden Tresen auch einfach nur etwas trinken,

am Wochenende geht es »down under«, denn dann hat zusätzlich die Lounge im Untergeschoss geöffnet.
Sebalder Altstadt | Obstmarkt 26 | Bus: Hauptmarkt | Tel. 80 19 26 48 | www.australianbar.de | Mo–Do 11–1, Fr 11–2, Sa 9–1, So 9–2 Uhr | €€

Goldener Pudel   B 5

Coole Steaks – Dies ist das derzeit angesagteste Steak-Restaurant in der Stadt. »The place to be«, um sich in einer hippen Atmosphäre an den diversen Steak-Variationen zu erfreuen. Wer will, kann etwa ein 1200 g schweres Porterhouse-Steak ordern, wobei man durch Glasscheiben auch einen Blick in die Küche werfen kann. Absolut zu empfehlen ist der Lachs-Thunfisch-Tartar mit pochiertem Ei. Anschließend wechselt man an die durchgestylte Bar, um den Abend mit einem Cocktail zu beschließen.

Lorenzer Altstadt | Grasersgasse 15 | U-Bahn: Hauptbahnhof | Tel. 24 27 86 50 | www.goldenerpudel.com | Di–Sa 11.30–14 und 17 Uhr bis spät | €€€

Hans im Glück   B 5

Burgerglück – Ein Lokal mit urbanem Flair und Birkenwald-Ambiente. Serviert werden keineswegs Billigburger – die gibt es schräg gegenüber –, sondern solche für Feinschmecker in zahllosen Variationen. Besonders lecker: der mit Ziegenkäse und Feigensoße verfeinerte »Geißbock-Burger« oder der »Heimweh-Burger« mit Gorgonzola und getrockneten Tomaten. Und selbst fantasievolle vegetarische Burger sind im Angebot. Dazu werden selbst gemachte Fritten und leckere Soßen gereicht. Je später der Abend, desto mehr herrscht eine Kneipenatmosphäre vor. Und es gibt eine schöne große Straßenterrasse!
Lorenzer Altstadt | Königstr. 72 | U-Bahn: Hauptbahnhof | Tel. 99 28 36 61 | http://hansimglueck-burgergrill.de | tgl. 12–1 Uhr | €€

Herrlich kreuz & quer   C 5

Bunte Mischung – Versteckt in einer kleinen Gasse, gefällt dieses winzige Café im teilweise bunten Retrodesign. Die Einrichtung ist stilvoll-einfach – man kann manche Stücke gleich vor Ort erwerben. Durch die Räumlichkeiten schwebt nicht nur ein herrlicher Caféduft, auch die Kuchenauswahl gefällt, außerdem gibt es »Salate im Einweckglas«, wechselnde Suppen sowie leckere Brotaufstriche. Ein schöner Ort, um sich durch den Tag zu träumen.
Lorenzer Altstadt | Nonnengasse 12–14 | U-Bahn: Lorenzkirche | Tel. 37 85 17 10 | Mo–Sa 10–20 Uhr | €

W2 🚩 B 5

Nicht nur für Teeliebhaber – Neben der Fleischbrücke, direkt an der Pegnitz versteht sich dieser Ableger des Kräuterladens Wurzelsepp vor allem auf leckere Teespezialitäten. Egal, ob Earl Grey, Grüner oder Weißer Tee – mehr als 100 verschiedene Sorten stehen auf der Karte! Abends geht dann der Café-betrieb nahtlos in eine lockere Bar-atmosphäre über. Zum Essen werden selbst gemachte Kuchen und Macarons gereicht, aber auch Salate und leckere Tramezzini. Bei kalten Temperaturen sitzt man im Wintergarten, im Sommer auf der großen Terrasse über dem Fluss.

Sebalder Altstadt | Plobenhofstr. 1 | Bus: Hauptmarkt | Tel. 99 28 24 00 | www.w2tea.com | Mo–Do 8–24, Fr, Sa 8–2, So 9–24 Uhr | €

EINKAUFEN
Urban outfitters 🚩 A 5

In einer Mischung zwischen Industrial Design und Loungeatmosphäre finden auch Jungs und Männer eine tolle Auswahl bekannter Kultlabels. Marken wie Farah Vintage, Renewal, Won Hundred, V & B sowie Evil Twin sind auf drei Stockwerken mit Kleidung, Schuhen und diversen Accessoires präsent.

Lorenzer Altstadt | Ludwigsplatz 1 | U-Bahn: Weißer Turm | Mo–Sa 10–20 Uhr

FESTE FEIERN
Silvestival

Alle zwei Jahre (2015 etc.) feiert man in der Innenstadt seit Kurzem eine riesige Silvesterparty. Auf 15 über die Altstadt verteilten Bühnen geben rund zwei Dutzend Bands eine Kostprobe ihres Könnens. Teils finden die Konzerte verschiedenster Stilrichtungen (Jazz, Rock, Fusion, Weltmusik etc.) in historischen Gemäuern wie dem Rathaussaal, teils unter freiem Himmel statt.

www.silvestival.de

🚩 Weitere Neuentdeckungen sind durch dieses Symbol gekennzeichnet.

Innen modernes Design, vor der der Tür mittelalterliches Flair: Vom Frühstücksraum des Boutiquehotels Saxx (▶ S. 17) blickt man direkt auf den Schönen Brunnen am Hauptmarkt.

Der Fußgängerbereich der Königsstraße mit der Lorenzkirche (▶ MERIAN TopTen, S. 73).

NÜRNBERG ERLEBEN

ÜBERNACHTEN

*In der Altstadt oder im Grünen, modern oder traditionell –
die passende Herberge findet sich gewiss. Das Spektrum reicht
vom verspielten Themenhotel über alteingesessene Traditions-
häuser bis zum preisgünstigen Kettenhotel.*

Nürnberg gehört seit rund 200 Jahren zu den beliebtesten Reisezielen in
Deutschland. Vor allem bei Italienern und Amerikanern steht die Frankenmetropole hoch im Kurs. Statistisch gesehen bleiben die meisten Touristen zwei Tage. Insgesamt stehen in Nürnberg 15 500 Hotelbetten in
mehr als 150 Beherbergungsbetrieben bereit, dabei reicht die Bandbreite
von luxuriösen bis zu individuell geführten Häusern. Wie in anderen deutschen Großstädten siedeln sich zunehmend internationale Hotelketten an.

SPEZIELLE ANGEBOTE NUTZEN

Für die nahe Zukunft sind vor allem rund um den Hauptbahnhof bereits
weitere Neubauten geplant. Individuell geführte Hotels haben in dem
hart umkämpften Markt oft das Nachsehen, kleinere Pensionen gibt es
kaum mehr. Anderseits fehlen bislang in Nürnberg durchaus ansprechen-

◄ Im Themenhotel Drei Raben (▶ S. 23) erzählt jedes Zimmer seine eigene Geschichte.

de Designhotels, die sich mit einem besonderen Konzept von der Konkurrenz der Kettenhotels abheben. Auch im Bereich Ökohotels gibt es in Nürnberg noch viel Entwicklungspotenzial.

Trotz der hohen Bettenzahl kann es zu Top-Events wie dem Christkindlesmarkt oder der Spielwarenmesse schon einmal kurzfristig zu Engpässen kommen. Wer sich für ein Hotel in der Altstadt entscheidet, kann fast alle wichtigen Sehenswürdigkeiten bequem zu Fuß erreichen. Manche Herbergen locken dabei mit preiswerten Wochenendarrangements. Günstige Pauschalangebote lassen sich auch über die Tourismus-Zentrale Nürnberg buchen (http://tourismus.nuernberg.de). Dort und in vielen Hotels gibt es die praktische Nürnberg Card (▶ S. 150).

BESONDERE EMPFEHLUNGEN

Agneshof B 4
Unterhalb der Burg – Das Hotel mit seinen modernen, funktionalen Zimmern ist wie die Agnesgasse nach Dürers Frau benannt, das Albrecht-Dürer-Haus ist nur einen Steinwurf weit entfernt. Im Keller gibt es eine Sauna mit Quirlteich und Solarium.
Sebalder Altstadt | Agnesgasse 10 | Bus: Burgstraße | Tel. 21 44 40 | www.agneshof-nuernberg.de | 72 Zimmer | ♿ | €€€

Drei Raben B 5
Themenhotel – Dieses Haus gefällt nicht nur aufgrund seiner absolut zentralen Lage zwischen Bahnhof und Lorenzkirche. Die Zimmer sind bekannten Nürnbergern wie Albrecht Dürer, Martin Behaim und Peter Henlein gewidmet oder zitieren Mythen vom Ritter Eppelein. Und wahre Fußballfans können in Zimmer 15 vom nächsten Pokalsieg oder gar der Europacup-Teilnahme des Clubs träumen. Reizvoll

sind die Suiten mit einer frei im Raum stehenden Badewanne. Die Lounge des Hotels, in der auch das Frühstück serviert wird, ist außerdem ein beliebter abendlicher Treffpunkt.
Lorenzer Altstadt | Königstr. 63 | U-Bahn: Hauptbahnhof | Tel. 27 43 80 | www.hotel-drei-raben.de | 22 Zimmer | 🐕 | €€€

Hotel Vosteen E 2
Mit Nostalgieflair – Alle Zimmer sind im Stil der 1950er- und 1960er-Jahre eingerichtet. Egal, ob Tapeten, Gardinen, Lampen und Bäder – alles wurde liebevoll aufeinander abgestimmt, und der moderne Komfort kommt ebenfalls nicht zu kurz. Netter Frühstücksraum, kostenlose WLAN-Nutzung.
Nordstadt | Lindenaststr. 12 | U-Bahn: Rathenauplatz | Tel. 95 51 23 30 | www.hotel-vosteen.de | 12 Zimmer | €€

Klughardt F 2
Herzlicher Empfang – Persönlich geführtes Nichtraucherhotel mit einem

sehr ansprechenden Preis-Leistungs-Verhältnis. Die nicht ganz so zentrale Lage wird durch das freundliche und individuelle Flair wieder wettgemacht. WLAN ist kostenlos, und es gibt einen Fahrradverleih. Zum Entspannen lädt ein kleiner Garten ein.

Schoppernhof | Tauroggenstr. 40 | Straßenbahn: Tafelwerk | Tel. 91 98 80 | www.hotel-klughardt.de | 33 Zimmer | 🐴 | €€

Le Méridien Grand Hotel 🏷 E 3

Traditionshaus – Das Grand Hotel am Hauptbahnhof ist seit 1896 das erste Haus am Platz. Die großzügigen, in warmen Erdtönen gehaltenen Unterkünfte haben einen Hang zum Plüsch. Im Foyer dominieren dagegen Marmor und Kronleuchter.

Bahnhof | Bahnhofstr. 1–3 | U-Bahn: Hauptbahnhof | Tel. 2 32 20 | www.nuernberg.lemeridien.de | 186 Zimmer (auch Nichtraucherzimmer) | ♿ | 🐴 | €€€€

Merian 🏷 B 5

Historisches Flair – Stattliches Sandsteinhaus mitten in der Altstadt. Individuelle Zimmer mit viel Holz.

Sebalder Altstadt | Unschlittplatz 7 | U-Bahn: Weißer Turm | Tel. 2 14 66 90 | www.merian-hotel.de | 21 Zimmer | €€

Motel One 🏷 E 3

Funktionales Design – Modernes Kettenhotel in zentraler Lage unweit des Bahnhofs. Viel Design für wenig Geld, wobei bei der Ausstattung keineswegs an edlen Materialien gespart wurde.

Bahnhof | Bahnhofstr. 18 | U-Bahn: Hauptbahnhof | Tel. 2 74 31 70 | www.motel-one.de | 199 Zimmer | ♿ | €

Prinzregent 🏷 E 3

In Laufweite zur Altstadt – Geräumige Zimmer mit hohen Decken bietet dieses in einem schmucken Jugendstilhaus gelegene Hotel. Und wer will, leiht sich kostenlos ein Fahrrad.

Wöhrd | Prinzregentenufer 11 | U-Bahn: Wöhrder Wiese | Tel. 58 81 88 | www.prinzregent.net | 34 Zimmer | 🐴 | €€

Ramada Parkhotel 🏷 F 4/5

Mitten im Grünen – Ein Luxushotel am Rand einer großen Parkanlage, das Ambiente präsentiert sich zeitgenössisch modern mit komfortablen und großzügigen Räumlichkeiten. Fitnessstudio, Sauna und Hallenbad sind vorhanden, und zum Joggen liegt der Luitpoldhain direkt vor der Tür.

Luitpoldhain | Münchener Str. 25 | Straßenbahn: Platz der Opfer des Faschismus | Tel. 4 74 80 | www.ramada-nuernberg.de | 200 Zimmer | ♿ | 🐴 | €€€€

Schindlerhof

Innovatives Haus – Das vielfach ausgezeichnete Landhotel im Vorort Boxdorf begeistert mit seinem liebevollen Service und den anspruchsvollen Tagungsräumlichkeiten. Die Unterkünfte wurden in unterschiedlichen Stilrichtungen gestaltet. Die Palette reicht dabei vom Landhaus- oder Weinzimmer bis hin zum Autozimmer für Motorfans und Räumen im japanisch-minimalistischen Ryokan-Ambiente. Und es gibt ein hervorragendes Lokal mit einem schönen Innenhof.

Boxdorf | Steinacher Str. 6–8 | Bus: Erich-Ollenhauer-Straße | Tel. 9 30 20 | www.schindlerhof.de | 92 Zimmer | 🐴 | €€€€

Romantisches Designhotel mit Restaurant im Nürnberger Norden: Im Schindlerhof (▶ S. 24) in Boxdorf trifft ein typischer Landhausstil auf japanische Gestaltungselemente.

Sheraton Carlton C 6

Noble Adresse – Unter den Spitzenhotels ist das Carlton das modernste. Es besticht vor allem durch sein Spa: Hoch über den Dächern von Nürnberg findet sich ein anspruchsvoller Wellnessbereich, Fitnessstudio, Sauna und Dampfbad eingeschlossen. Doch auch die in drei Kategorien eingeteilten Unterkünfte (Classic, Superior, Executive) bieten modernen Komfort auf hohem Niveau. Bahnhof | Eilgutstr. 15 | U-Bahn: Hauptbahnhof | Tel. 2 00 30 | www.carlton-nuernberg.de | 166 Zimmer | ♿ | 🐕 | €€€€

Victoria C 6

Zentrale Lage – Das alteingesessene Hotel mitten in der Altstadt besteht seit dem Jahr 1896. Unterschiedlich ausgestattete Zimmer, besonders ruhig und schön sind diejenigen mit Blick auf den Klarissenplatz und das Neue Museum. Lorenzer Altstadt | Königstr. 80 | U-Bahn: Hauptbahnhof | Tel. 2 40 50 | www.hotelvictoria.de | 64 Zimmer | 🐕 | €€€

Preise für ein Doppelzimmer mit Frühstück:
€€€€ ab 170 €   €€€ ab 120 €
€€ ab 70 €   € bis 70 €

ESSEN UND TRINKEN

*Nürnberger Rostbratwürste, Saure Zipfel und das
ofenfrische Schäufele gelten als die Klassiker der regionalen
Küche, doch bietet die Frankenmetropole Gourmets auch
internationale Feinschmeckerkost.*

Traditionell ist die Nürnberger Küche recht deftig und fleischlastig. Die
Speisekarten werden dominiert von Schweinebraten, Schäufele und Sauerbraten, dessen Soße bisweilen mit Lebkuchen verfeinert wird. Vor allem das **Schäufele** genießt in Nürnberg längst den Status eines Klassikers.
Die Schweineschulter wird mitsamt ihrem schaufelförmigen Knochen
und der dicken Schwarte in den Ofen geschoben. Die Schwarte muss allerdings zuvor rautenförmig eingeschnitten und mit Salz, Pfeffer und
Kümmel gewürzt werden, damit die Kruste schön knusprig wird. Jeder
Einheimische hat seine Lieblingsgaststätte, in der es seiner Meinung nach
das beste Schäufele mit der besten goldbraunen Kruste gibt. Und dass
das Schäufele in Nürnberg geradezu als Nationalheiligtum gilt, lässt sich
auch daran erkennen, dass hier der Verein der »Freunde des Fränkischen
Schäufele« seinen Sitz hat.

◀ Das Nürnberger Traditionsgericht schlecht-
hin: Rostbratwürste mit Sauerkraut (▶ S. 27).

Die beliebteste Beilage zu nahezu jeder Fleischspeise sind rohe Kartoffel-
klöße, auch liebevoll »Gniedla« genannt. Statt Reis und Nudeln findet
man auf traditionellen Speisekarten vor allem Kartoffelgerichte. Serviert
werden sie gerne als »Baggers« (Kartoffelpuffer), Bratkartoffeln, Kartof-
felsalat oder auch als dicke Kartoffelsuppe.

ROSTBRATWÜRSTE UND »SAURE ZIPFEL«

Weltberühmt ist Nürnberg für seine **Rostbratwürste**. Schon den Urahnen
der Nürnberger war bekannt: Der Geschmack ist vom Verhältnis von
Masse und Umfang abhängig. Gerade einmal 25 g wiegt daher eine der
fingerdicken Nürnberger Bratwürste, weshalb sie auf dem heißen Rost
mehr Röstaromen bilden kann. Verwendet wird nur durchwachsenes
Schweinefleisch, das durch den Wolf gedreht und mit Salz, Pfeffer, Majoran und einer Prise Muskatnuss verfeinert wird. Traditionell werden sie in
den Bratwurstküchen auf Buchenholzfeuer gebrutzelt und zu sechs, acht,
zehn oder mehr Stück auf einem Zinnteller zusammen mit einer Portion
Sauerkraut und Kren (Meerrettich) serviert – und nicht etwa mit Senf!
Wer will, kann die Würste auch als **Saure Zipfel**, also im Essigsud mit
Zwiebeln gekocht, bestellen. Eine Besonderheit ist der ebenfalls in Essig
und Öl eingelegte Ochsenmaulsalat; er bildet zusammen mit Stadtwurst,
Presssack und Eierscheiben die Grundlage für ein »Nürnberger Gwerch«.

WARTEN AUF DIE SPARGELZEIT

Von Anfang Mai bis zum 24. Juni (Johannistag) schlagen die Herzen der
Feinschmecker höher, denn dann ist **Spargelzeit**. Die Bauern aus dem
Nürnberger Knoblauchsland gehen bereits in den frühen Morgenstunden
zum Spargelstechen aufs Feld, damit das Edelgemüse nur wenige Stunden
später zum Verkauf auf den Märkten angeboten werden kann. Zubereitet
wird der frische Spargel entweder pur mit zerlassener Butter, mit Schinken oder als Beilage zu einem Fleischgericht.
Zum Essen wird gelegentlich fränkischer Wein, traditionell aber mehr
Bier getrunken, wobei man sich nach einer Gaststätte umsehen sollte, die
von der lokalen Großbrauerei unabhängig ist. Gaststätten ohne Brauerei-
bindung schenken meist verschiedene Biersorten aus, die häufig aus den
Privatbrauereien in der Fränkischen Schweiz kommen und wesentlich
süffiger und geschmackvoller sind.

BESONDERE EMPFEHLUNGEN

Aumers La Vie 🐌 B 6

Witzigmann-Schüler – Direkt gegenüber des Germanischen Nationalmuseums bietet der mit einem Michelin-Stern ausgezeichnete Andreas Aumer kreative Köstlichkeiten, wobei auch vermeintlich deftige Kost wie Kalbstatar und gebratenes Herzbries mit Couscous serviert werden. Die geschmackvollen Räumlichkeiten und die gute Weinkarte sind weitere Pluspunkte. Schöne Straßenenterrasse, keine Hunde.

Lorenzer Altstadt | Kartäusergasse 12 | U-Bahn: Opernhaus | Tel. 2 44 97 74 | www.aumers-la-vie.de | Di–Sa 12–14, 18–23 Uhr | €€€€

Bratwursthäusle 🐌 B 4/5

Sechs mit Kraut – Die bekannteste Adresse für Bratwurstliebhaber. Selbst die lokale Prominenz aus dem gegenüberliegenden Rathaus erfreut sich an sechs, acht, zehn oder zwölf Nürnberger Rostbratwürsten, die auf Buchenholzscheiten gegrillt werden. Große Terrasse.

Sebalder Altstadt | Rathausplatz 1 | Bus: Hauptmarkt | Tel. 2 27 69 5 | www.die-nuernberger-bratwurst.de | Mo–Sa 10–22 Uhr | €

Essigbrätlein 🐌 B 4

Kulinarische Kunststücke – Das Essigbrätlein gehört nicht nur zu den ältesten Gasthäusern Nürnbergs, es ist mit Abstand auch das beste (zwei Michelin-Sterne!). Was Andree Köthe und Yves Ollech in dem schmalen Altstadthäuschen auf den Tisch zaubern, grenzt an ein wahres Wunder. Wenn sich die Gourmetküche andernorts oft vor allem durch die Verwendung exklusiver Zutaten wie Hummer oder Gänsestopfleber auszeichnet, beweisen die beiden Köche mit ihrer einzigartigen Gewürzküche, dass man auch mit einfacheren Produkten wie Pollack oder Kaninchen die Geschmacksnerven zum Jubilieren bringen kann. Kombiniert z. B. mit einem Birnen-Kapern-Chutney oder karamellisierten Senfsamen werden faszinierende Effekte erzielt, die es auch erlauben, beim Zwischengang mit scheinbar einfachen Gerichten wie Bohnen mit Tomatenkernen oder Rote Bete zu überraschen. Als krönender Abschluss werden Variationen selbst gemachter Schokolade gereicht. Da die Platzkapazität begrenzt ist, empfiehlt sich eine Reservierung.

Sebalder Altstadt | Am Weinmarkt 3 | Bus: Hauptmarkt | Tel. 22 51 31 | Di–Fr 12–14, 19–22, Sa 19–22 Uhr | €€€€

Wanderer 🐌 B 4

Sonnige Terrasse – Die Café-Bar beim Albrecht-Dürer-Haus ist ein beliebter Treff, den auch Einheimische zu schätzen wissen. Im denkmalgeschützten Fuhrmannstübchen herrscht zwar akute Raumnot, doch das Puppenstubenflair und die großzügige Terrasse vor dem Haus besitzen eine geradezu magische Anziehungskraft.

🕐 Besonders lauschig ist das Ambiente in den frühen Abendstunden.

Sebalder Altstadt | Beim Tiergärtnertor 2–6 | Straßenbahn: Tiergärtnertor | Tel. 3 66 63 34 | www.cafe-wanderer.de | Di–Sa 10–19, So 12–19, im Sommer tgl. 10–2, Terrasse bis 24 Uhr, Weihnachten bis Feb. geschl.

Wonka 🐌 B/C 2

Raffinierte Kreationen – Unweit des Johannisfriedhofs gelegen, gehört das

Restaurant von Christian Wonka seit Jahren zu den lokalen Feinschmeckertempeln. Doch keine Sorge: Die Atmosphäre ist keineswegs steif, sondern so ungezwungen und lässig wie der zuvorkommende Service. Auf der Karte stehen teilweise recht ungewöhnliche Kreationen wie ein Rochen auf Balsamicolinsen, der mit Blutwurst kombiniert wird. Aber auch asiatische Rezepturen machen den Restaurantbesuch zu einem besonderen Erlebnis für den Gaumen. Zum Nachtisch darf es dann auch mal eine Bayerische Creme sein.

St. Johannis | Johannisstr. 38 | Straßenbahn: Hallestraße | Tel. 39 62 15 | Di–Fr 12–14, 18.30–21.30, Mo, Sa 18.30–21.30 Uhr, 2 Wochen im Aug. geschl. | €€€

Würzhaus   C2

Kreative Gewürzküche – Wie der Name andeutet, versteht sich die junge ambitionierte Köchin Diana Burkel auf eine Gewürzküche, die die Nähe zu ihrem Lehrmeister Andree Köthe nicht verleugnet. Als Vorspeise überraschen z. B. zweierlei Hering auf Melone und Gurke. Die Mandelravioli werden mit Roter Bete verfeinert, während der Wels mit Dill und Spitzkohl kombiniert wird. Den süßen Abschluss bildet ein ungewöhnlicher Schokoladenkuchen. Sehr ansprechend ist auch der Gastraum ohne modischen Schnickschnack, und der Service zeigt sich so gekonnt wie umsichtig. Preisgünstiger Mittagstisch!

St. Johannis | Kirchenweg 3 a | Straßenbahn: Friedrich-Ebert-Platz | Tel. 9 37 34 55 | www.wuerzhaus.info | Di–Fr 11.30–14, Mo–Sa ab 18 Uhr | €€€

Weitere empfehlenswerte Adressen finden Sie im Kapitel NÜRNBERG ERKUNDEN.

Preise für ein dreigängiges Menü:

€€€€	ab 65 €	€€€	ab 35 €
€€	ab 18 €	€	bis 18 €

Die außergewöhnliche Gewürzküche des Duos Andree Köthe und Yves Ollech ließen ihr Restaurant Essigbrätlein (▶ S. 28) zu einem gefeierten fränkischen Gourmettempel aufsteigen.

Grüner reisen
Urlaub nachhaltig genießen

Wer zu Hause umweltbewusst lebt, möchte vielleicht auch im Urlaub Menschen unterstützen, denen ein verantwortungsvoller Umgang mit der Natur am Herzen liegt. Empfehlenswerte Projekte, mit denen Sie sich und der Umwelt einen Gefallen tun können, finden Sie hier.

In ökologischer Hinsicht spielte Nürnberg schon im Mittelalter eine Vorreiterrolle: So fand der Nürnberger Ratsherr Peter Stromer 1368 heraus, dass man Nadelbäume gezielt ansäen konnte. Dies markierte den Beginn der planmäßigen Forstwirtschaft durch Nachhaltigkeit, und der Nürnberger Reichswald wurde in den folgenden Jahrzehnten zum weltweit ersten künstlich aufgeforsteten Waldgebiet, wovon man sich auch im Walderlebniszentrum Tennenlohe überzeugen kann.
Bis heute profitiert Nürnberg von dieser Aufforstungsaktion, da sich direkt vor den Toren der Stadt ein abwechslungsreiches Naherholungsgebiet erstreckt, das sich für ausgedehnte Spaziergänge und Radtouren geradezu anbietet. Kein Wunder, dass internationale Studien Nürnberg eine hohe Lebensqualität bescheinigen. In den verschiedenen Rankings steht die Frankenmetropole beispielsweise vor Hamburg oder San Francisco. Was Gesundheitsversorgung und Umwelthygiene betrifft, so rangiert Nürnberg weltweit sogar unter den Top Ten. Nürnberg versucht sich

inzwischen sogar als Biometropole zu etablieren, wobei die Stadt den Anbau von ökologisch wertvollen Lebensmitteln ebenso fördert wie die Ansiedlung von Unternehmen aus der Biobranche. Längst gilt die alljährlich im Februar stattfindende »BioFach Messe« als die weltweit größte Messe für Bioprodukte, angefangen von Lebensmitteln über Naturkosmetik bis hin zu Wellnessartikeln (www.biofach.de). Ende Juli kann man sogar mitten auf dem Hauptmarkt »Bio erleben«. Eingebunden in ein Rahmenprogramm mit Bühnen- und Kochshows präsentieren rund 100 Aussteller die ganze Vielfalt der ökologischen Lebensmittel.

Auffällig ist auch die Zunahme von Biosupermärkten. Inzwischen gibt es in jedem Stadtteil ein oder mehrere Biofachmärkte. Auch immer mehr Lokale schneiden ihr Angebot auf Gäste zu, denen eine regionale und ökologische Ernährung am Herzen liegt. Der neueste Trend sind vegane Cafés und Restaurants, die auf jegliche tierische Produkte verzichten.

ESSEN UND TRINKEN

Herr Lenz   E2

In dem liebevoll geführten Restaurant legt Thomas Grill großen Wert auf regionale Zutaten, die zum größten Teil aus ökologischem Anbau stammen. Die italienisch inspirierte Standardkarte wird durch eine Wochenkarte ergänzt, auf der sich neben vielen vegetarischen Gerichten beispielsweise auch ein in Weißwein geschmortes Biohuhn mit Trauben und Maronen findet.

Nordstadt | Schonhoverstr. 18 | U-Bahn: Rennweg | Tel. 5 98 53 85 | www.herr-lenz.de | Mo–Sa 18–24 Uhr | €€

Lorenz   C5

Direkt hinter dem Chor der Lorenzkirche gelegen, bietet das Restaurant anspruchsvolle internationale Küche, darunter viele Biogerichte (zertifiziert). Gefällig ist auch das moderne, leicht unterkühlte Ambiente. Zu loben sind insbesondere die Salatauswahl sowie das sonntägliche Frühstücksbüfett. Auf der schönen großen Straßenterrasse

kann man auch bloß einen Kaffee trinken und in der Sonne sitzen.

Lorenzer Altstadt | Lorenzer Platz 23 | U-Bahn: Lorenzkirche | Tel. 2 05 93 90 | www.restaurant-lorenz.de | Mo–Sa 8.30–1, So 9.30–18.30 Uhr | €€€

Palais Schaumburg   C3

Die alternative Szenekneipe ist seit rund drei Jahrzehnten eine kulinarische Institution in Gostenhof. Auf der täglich wechselnden Tageskarte finden sich viele vegetarische sowie Biospeisen, dazu trinkt man ein süffiges fränkisches Landbier. Schöner Biergarten.

🕐 Besonders günstig sind die Gerichte zur Mittagszeit.

Gostenhof | Kernstr. 46 | U-Bahn: Gostenhof | Tel. 26 00 43 | www.palais schaumburg.de | So–Fr 11.30–1, Sa ab 14 Uhr | €€

The Tasty Leaf   D4

Auffällig ist die zunehmende Anzahl veganer Restaurants in der Frankenmetropole. Diesen Trend pflegt auch das nur wenige Fußminuten hinter dem Hauptbahnhof gelegene Tasty Leaf, wobei die Zutaten nicht ausschließlich, aber vorwiegend aus regionalem, saisonalem und biologischem Anbau stammen. In einem ansprechend modern gestalteten Ambiente kommen Köstlichkeiten wie Maultaschen mit Spinat-Lauch-Füllung in getrüffelter Gemüsesoße auf den Tisch.

Südstadt | Bogenstr. 43 | U-Bahn: Aufsessplatz | Tel. 80195529 | www.tasty-leaf.de | Mo–Do 11.30–20, Fr 11.30–23, Sa 15–23, So 10–15.30 Uhr | €

Wittmanns · C/D 4

Nürnbergs erstes und einziges Restaurant, das ausschließlich Produkte aus organisch-biologischem Landbau verwendet. Im modernen, etwas reduzierten Ambiente wird eine ansprechende Bioküche zelebriert. Sehr lecker wären da beispielsweise das Maränenfilet auf Südtiroler Brotsalat oder die sautierte Hähnchenbrust an würzigem Risotto. Selbstverständlich stammen auch alle Biere und Weine aus zertifiziertem Ökoanbau, wobei der Schwerpunkt der großen offenen Weinkarte erfreulicherweise auf deutschen Produkten liegt. Auch der umsichtige und freundliche Service verdient ein großes Lob. Mit kleiner Straßenterrasse.

Sebalder Altstadt | Beckschlagergasse 8 | U-Bahn: Rathenauplatz | Tel. 331088 | www.wittmannsbio.de | Di–Fr 11.30–14.30, Di–So 17.30–23 Uhr | €€

EINKAUFEN

ebl-Naturkost · D 2

Lokale Naturkostkette mit eigener, nach Demeter-Richtlinien arbeitender Metzgerei. Inzwischen gibt es mehr als ein Dutzend ebl-Filialen im Stadtgebiet, darunter befindet sich auch eine moderne Filiale in der Nordstadt.

Nordstadt | Kaulbachstr. 5 | Straßenbahn: Krelingstraße | www.ebl-naturkost.de

Glore Fashion · A 5

In dem schmucken Laden gibt es »globally responsible fashion« für Männer und Frauen. Das klingt wesentlich hipper als »Ökoklamotten«. Und wirklich: Mit dem Müsliflair vergangener Jahrzehnte haben die modischen Kreationen nicht das Geringste gemein.

Lorenzer Altstadt | Karl-Grillenberger-Str. 24 | U-Bahn: Weißer Turm | Tel. 8915955 | www.glore.de | Mo–Fr 11–19.30, Sa 11–19 Uhr

Hofpfisterei · B 5

Feinste Ökobackwaren und Brot aus Natursauerteig. Mehrere Filialen in der Stadt, beliebt ist die Happy Hour.

Sebalder Altstadt | Hauptmarkt 10 | Bus: Hauptmarkt | www.hofpfisterei.de | Mo–Do 8.30–18.30, Fr 8–18.30, Sa 8–15 Uhr (letzte Stunde Happy Hour)

Koberger Markt · D 2

Der traditionsreiche Bauernmarkt für Bioprodukte auf dem Koberger Platz in der Nordstadt wird jeden Freitag von 8 bis 17 Uhr abgehalten. Das Sortiment reicht hier von frischen Forellen und Karpfen über Fleisch, Wurst und Käse bis hin zu Obst und Gemüse sowie ausgefallenen Backwaren.

🕐 Wenn möglich, sollte man bereits morgens kommen, denn im Lauf des Tages nimmt die Breite des Angebots ab.

Nordstadt | Koberger Platz | Straßenbahn: Krelingstraße

Lotus Naturkostladen   A/B 5

Das mitten im Zentrum gelegene Geschäft ist seit mehr als 25 Jahren auf Ökokost spezialisiert, die, wenn irgend möglich, von regionalen Herstellern stammt. Mittags werden täglich frisch zubereitete warme vegetarische Speisen serviert. Mit Partyservice.

Lorenzer Altstadt | Unschlittplatz 1 | U-Bahn: Weißer Turm | www.naturkost laden-lotos.de

AKTIVITÄTEN

Walderlebniszentrum Tennenlohe

Traurig, aber wahr: Die wenigsten Kinder und Jugendlichen haben heute noch die Möglichkeit, in einem richtigen Wald zu spielen und sich so für die Natur zu begeistern. Doch zum Glück gibt es Einrichtungen wie das im Norden von Nürnberg gelegene Walderlebniszentrum Tennenlohe. Am Rand des Naturschutzgebiets Brucker Lache hat die Bayerische Forstverwaltung einen insgesamt 1,2 km langen Naturerlebnispfad angelegt, auf dessen neun Stationen ein spielerischer Umgang mit dem Ökosystem Wald vermittelt wird. Es gibt beispielsweise einen Barfußpfad, um die verschiedenartigen Waldböden mit den Füßen zu fühlen, aber auch Kletterbäume und ein Baumtelefon wollen erkundet werden. Das Waldmuseum und die vier Themenhäuser widmen sich der Wissensvermittlung, erklären die Geschichte des Forstes und informieren über die Pflanzen- und Tierwelt des Sebalder Reichswaldes. Auf dem Forsthistorischen Lehrpfad lernt man außerdem Werkzeuge und Geräte kennen, die früher bei der Waldnutzung zum Einsatz kamen.

Tennenlohe | Weinstr. 100 | Bus: Waldinformationszentrum Tennenlohe | www.walderlebniszentrum-tennenlohe. de | Mo 7.30–12, Di–Do 7.30–16, Fr 7.30–18, So, feiertags 11–18 Uhr (Nov.–Feb. etwas kürzer) | Eintritt frei, Führungen 4 € bzw. 2 €

»Responsible Fashion«: Biobaumwolle und Fair trade gehören zum Konzept der Kollektion von Glore Fashion (▶ S. 32). Betreiber Bernd Hausmann kennt die meisten Lieferanten persönlich.

EINKAUFEN

Auch jenseits von Lebkuchen und mittelalterlichen Souvenirs ist Nürnberg die unumstrittene Shoppingmetropole Frankens. Die ansprechende Fußgängerzone erstreckt sich über große Bereiche der Lorenzer Altstadt.

Als Handelsstadt kann Nürnberg auf eine lange Tradition zurückblicken. Bereits im Mittelalter bestand ein reger Warenaustausch mit Frankfurt, Prag und Venedig. Schon damals war die südlich der Pegnitz gelegene Lorenzer Altstadt das Viertel der Kaufleute. Und noch heute finden sich hier die großen Warenhäuser und belebten Einkaufsstraßen, die allesamt als Fußgängerzone ausgewiesen oder verkehrsberuhigt sind.

GROSSE FUSSGÄNGERZONE

Die **Karolinenstraße**, die sich von der Lorenzkirche bis zum Ludwigsplatz am Weißen Turm erstreckt, ist gewissermaßen die Hauptschlagader der Fußgängerzone. Hier reihen sich die Filialen der bekannten Bekleidungsketten (Zara, Esprit, H&M, Anson's, Marco Polo, Tommy Hilfiger etc.) aneinander, aber auch große Modehäuser (Breuninger, Wöhrl, Sport

◄ Handgefertigte Elisenlebkuchen (▶ S. 36)
in einer Schaubäckerei am Hauptmarkt.

Scheck) und eine Karstadt-Filiale sind hier vertreten. In der **Kaiserstraße** haben sich Nobelboutiquen wie Escada, René Lezard und Louis Vuitton niedergelassen, während sich in der **Breiten Gasse** eher preisgünstige Geschäfte und Boutiquen angesiedelt haben, die vorzugsweise auf jüngere Käuferschichten spezialisiert sind.

Am Rand der Fußgängerzone mit einem Zugang zur Breiten Gasse liegt der **City-Point**, ein Einkaufszentrum mit zahlreichen Filialgeschäften und reichhaltigem Gastronomieangebot auf fünf Etagen. In der Sebalder Altstadt kann man hingegen eher in kleinen Einzelhandelsläden stöbern, die nicht selten noch einen individuellen Touch verströmen.

LOKALE SPEZIALITÄTEN

Neben den typischen Nürnberger Bratwürsten, die man am besten in einer traditionellen Bratwurstküche vor Ort verzehren sollte, sind die Lebkuchen das kulinarische Markenzeichen der Frankenmetropole. Zwar kann man die süßen Köstlichkeiten, die seit 1996 eine geschützte Herkunftsbezeichnung nach europäischem Recht besitzen, das ganze Jahr über kaufen, doch beschränkt sich die eigentliche **Lebkuchensaison** auf die Zeit von Oktober bis Dezember. Ein geradezu ideales Nürnberger Mitbringsel für die Daheimgebliebenen!

Wer sich durch die verschiedenen Lebkuchensorten durchprobiert, der wird schnell bemerken, dass zwischen einem Lebkuchen aus industrieller Massenproduktion und einem in einem Handwerksbetrieb hergestellten Exemplar ganze Geschmackswelten liegen. Auch in puncto Größe und Gewicht unterscheiden sie sich teilweise erheblich. Der Teig wird auf Oblaten gelegt und besteht aus Nüssen, Honig, Zucker, Eiern, Marzipan und zahlreichen Gewürzen. Es gibt drei klassische Varianten: Natur, Zuckerguss oder Schokoladenkuvertüre. Die besten und teuersten Lebkuchen sind die Elisenlebkuchen, die zu einem Viertel aus Mandeln und Haselnüssen bestehen und deren Mehlanteil unter 10 % liegen muss, wobei die kleinen Lebküchnereien oft gänzlich auf Mehl verzichten und den Nussanteil dafür auf mehr als ein Drittel erhöhen.

Öffnungszeiten: Die Geschäfte in den Fußgängerzonen haben bis auf wenige Ausnahmen an allen Werktagen von 10 bis 20 Uhr geöffnet. Einige kleinere Läden und Boutiquen öffnen erst um 11 Uhr ihre Türen und schließen bereits um 19 Uhr.

BESONDERE EMPFEHLUNGEN
KULINARISCHES
Brezen Kolb B 5

Es gibt in Nürnberg keine besseren Laugenbrezen. Brezen von Kolb sind ein unübertroffener Klassiker! Es gibt mehrere Verkaufsstände in der Stadt, so beispielsweise auch ganz zentral in einem kleinen Brezenhäuschen vor der Lorenzkirche. Dort bekommt man das Laugengebäck mit und ohne Salz sowie frisch zubereitet in verschiedenen Variationen: mit Butter, Käse, Schnittlauch oder Schinken belegt.

Lorenzer Altstadt | Karolinenstraße | U-Bahn: Weißer Turm | www.brezen-kolb.de

K & U nördl. F 1

1982 gegründet, gehört die Weinhandlung von Martin Kössler zu den renommiertesten in Deutschland. Neben heimischen Produkten gibt es vor allem Direktimporte aus Italien, Frankreich, Spanien und Kalifornien, aber auch Bioweine sowie Champagner. Bei seinen beliebten Seminaren vermittelt Martin Kössler mit viel Sachverstand und Leidenschaft einen kurzweiligen Zugang zur Welt der großen und kleinen Weine.

Schafhof | Nordostpark 78 | Bus: Nordostpark | www.weinhalle.de | Mi, Do 14–18, Fr 10–18.30, Sa 10–14 Uhr

Käse Langer E 4

Das mit Abstand beste Käsegeschäft der Stadt. Rohmilchkäse aus Frankreich sowie ein breites Angebot an Ziegen- und Schafskäse. Alles wird im eigenen Keller auf den Punkt gereift und nach Hausrezepten affiniert!

Südstadt | Allersberger Str. 185 (im Nürbanum) | Straßenbahn: Bayernstraße |

www.kaese-langer.de | Di–Do 9.30–18, Fr 9–18, Sa 8–13 Uhr

Landbierparadies E 4

Das Landbierparadies hält ständig Sorten von rund 50 kleineren Brauereien (auch bio) aus der Umgebung auf Lager. Egal, ob Vollbier, Märzen, Keller- oder Rauchbier – wer will, stellt sich seinen eigenen Kasten zusammen. Und für besondere Anlässe kann man auch Fässer bis zu 150 l ordern. Mit anderen Worten: ein Muss für jeden Bierliebhaber! Zudem sind leckere Obstbrände aus der Fränkischen Schweiz im Angebot.

Galgenhof | Galgenhofstr. 60 | U-Bahn: Hauptbahnhof | www.landbierparadies.com

Lebkuchen

Die meisten Ortsfremden kennen nur die Markennamen großer Lebkuchenfabriken, aber glücklicherweise gibt es noch einige kleine Lebküchnereien, deren Produkte den industriell hergestellten geschmacklich deutlich überlegen sind. Sie werden nach wie vor mit viel Liebe und nach alten Hausrezepten zubereitet. Empfehlenswerte Adressen:

– Bäckerei Düll (Burg Bäckerei) | Sebalder Altstadt | Bergstr. 23 | Straßenbahn: Tiergärtnertor | www.lebkuchen-nuernberg.com D 2
– Eckstein | Schoppershof | Maxfeldstr. 69 | Straßenbahn: Wurzelbauerstraße | www.lebkuchen-eckstein.de E 2
– Fraunholz | St. Johannis | Wilhelm-Marx-Str. 8 | Straßenbahn: Brückenstraße | www.fraunholz-lebkuchen.de C 2
– Woitinek | Südstadt | Peter-Henlein-Str. 1 und 7 | Straßenbahn: Heynestraße | www.woitinek.de D 4

Am Hauptmarkt (▶ S. 37) führt in Nürnberg kein Weg vorbei. Von Montag bis Samstag lockt das bunte Angebot des Wochenmarkts mit frischen Produkten aus dem Knoblauchsland.

Mercato Di Dio ⚓ C 1

Dieser riesige italienische Supermarkt mit Marktflair begeistert allein durch seine 10 m lange Wurst- und Käsetheke. Hier gibt es auch den besten frischen Mozzarella der gesamten Stadt. Zudem findet der Besucher Pasta in allerlei Variationen (auch frisch) und diverse Feinkostartikel. Eine eigene Fischtheke und ein großes Weinangebot ergänzen das Sortiment. Angegliedert ist eine Art Schnellrestaurant.

Thon | Pretzfelder Str. 5 | Straßenbahn: Thon | www.di-dio.de | Mo–Fr 9–19, Sa 9–18 Uhr

MÄRKTE

Hauptmarkt ⚓ B 5

Der Grüne Markt vor der Frauenkirche bietet frisches Obst und Gemüse aus der Region. Besonders beliebt ist der erstklassige Spargel aus dem Knoblauchsland. Während des Christkindlesmarktes sowie des Herbst- und Ostermarktes befinden sich die Stände zwischen Lorenzkirche und Hauptmarkt.

Sebalder Altstadt | Wochenmarkt ganzjährig Mo–Sa 7–20 Uhr

Weitere Geschäfte und Märkte finden Sie im Kapitel NÜRNBERG ERKUNDEN.

KULTUR UND UNTERHALTUNG

*Nürnberg hat ein breites Kulturangebot: Das
Staatstheater und das CINECITTÀ mit Cinemagnum locken
mit unterschiedlichsten Angeboten. Eine besonders hohe Kneipen-
dichte findet sich in der Altstadt unterhalb der Burg.*

Egal, ob Jazz, Kleinkunst oder engagiertes Jugendtheater: Nürnberg bietet
für jeden Geschmack etwas. Das vielfältige Kulturprogramm reicht von
einem riesigen Multiplexkino CINECITTÀ über Programmkinos bis zur
hohen Schauspielkunst und einem nicht nur optisch eindrucksvollen
Opernhaus im Jugendstil aus dem Jahr 1905. Seit 2005 verfügt Nürnberg
über ein **Staatstheater**. Unter dieser Bezeichnung firmiert ein volles Drei-
spartenhaus mit Oper, Schauspiel und Ballett, wobei zum Schauspielhaus
noch die Kammerspiele sowie die experimentelle Blue Box gehören.
Pflichtprogramm für alle Nichtfranken ist Fitzgerald Kusz' »Schweig
Bub!«, ein Klassiker in fränkischer Mundart von 1976.
Einen auch international ausgezeichneten Ruf genießt das von Ballett-
direktor und Chefchoreograf Goyo Montero geleitete **Tanztheater**, das mit
fantastischen Inszenierungen zu begeistern versteht. Hinzu kommen meh-

◄ Ledersofas und hohe Stuckdecke:
die Lounge des Bäckerhofs (▶ S. 39).

rere engagierte kleinere Theater und Kleinkunstbühnen. Auch das Kaba-
rett wird auf hohem Niveau gepflegt. Nicht umsonst wird alljährlich im
Burgtheater der Deutsche Kabarett-Preis verliehen. Für Konzerte stehen
mehrere Spielstätten wie die Tafelhalle (www.tafelhalle.de) und die Meis-
tersingerhalle und zur Verfügung, hinzu kommt die Arena, eine moderne
Multifunktionshalle mit bis zu 11 000 Plätzen (www.arena-nuernberg.de).

NIGHTLIFE AN DER PEGNITZ

Wer mehr in Partylaune ist, findet in der Sebalder Altstadt zwischen Hauptmarkt und Kaiserburg zahlreiche Kneipen und Bars jeglicher Couleur, wobei sich in der Weißgerbergasse vor allem das jüngere Publikum trifft. Jenseits des Zentrums gehören die Stadtteile St. Johannis, Gostenhof sowie die
Nordstadt zu jenen Vierteln mit Szenetouch. Infos zu Veranstaltungen und
Konzerten finden sich in der Lokalpresse sowie in den Gratismagazinen
»Doppelpunkt« (www.doppelpunkt.de) und »curt« (www.curt.de).

BESONDERE EMPFEHLUNGEN
CLUBS, DISKOTHEKEN UND BARS
Bäckerhof   A 6
Die riesigen Räumlichkeiten der Bäcker-
innung haben sich längst als Szenetreff
etabliert. Im Erdgeschoss gibt es eine
Brasserie und ein intimes »Wohnzimmer«, oben im Jugendstilballsaal mit
dem imposanten Kronleuchter trennen
Bücherregale den Bar- und Loungebe-
trieb vom Restaurant. Serviert werden
asiatische Gerichte und leckere Burger.
Lorenzer Altstadt | Schlehengasse 2 |
U-Bahn: Weißer Turm | www.baecker
hof.de | Di–Sa 17–2 Uhr

Club Stereo   C 6
Durchgestylter Musikclub mit einem
breiten Spektrum von Sixties über In-
die-Rock bis Hip-Hop und Downbeats.
An manchen Abenden Livemusik.

Lorenzer Altstadt | Klaragasse 8 |
U-Bahn: Lorenzkirche | Tel. 21 10 4 55 |
www.club-stereo.net | Do 20–3, Fr, Sa
20–4 Uhr

Gelbes Haus   B 3
In dieser Bar mit Hotellounge-Flair
gibt es seit Jahren die besten Cocktails
der Stadt. Breite Whisky-Palette.
Gostenhof | Troststr. 10 | U-Bahn:
Gostenhof | www.gelbes-haus.de |
So–Do 20–1, Fr, Sa 20–3 Uhr

Mach 1   B 5
Unweit der Pegnitz gelegen, war das
Mach 1 schon immer der Trendsetter
unter den Nürnberger Diskotheken.
Abgetanzt wird auf mehreren Areas.
Lorenzer Altstadt | Kaiserstr. 1–9 |
U-Bahn: Lorenzkirche | www.mach1-
club.de | Do–So ab 22 Uhr

Zwingerbar   🚋🚌 E 3

Coole Location am Rand der Altstadt. Wechselnde Themenabende von Nouvelle Chanson Française bis zu Punk- und House-Musik.

Lorenzer Altstadt | Lorenzer Str. 33 | Straßenbahn: Marientor | www.zwinger bar.de | So–Do 20–2, Fr, Sa 20–3 Uhr

KINOS

Casablanca   🚋🚌 D 4

Das von einem Verein geführte Programmkino begeistert mit einem anspruchsvollen Repertoire. In den drei Kinosälen werden auch Kurzfilme und Filmreihen mit Themenschwerpunkten gezeigt. Nette Kinokneipe.

Südstadt | Brosamerstr. 12 | U-Bahn: Aufsessplatz | Tel. 45 48 24 | www. casablanca-nuernberg.de

CINECITTÀ   🚋🚌 C 5

Süddeutschlands größtes Multiplexkino liegt inmitten der Altstadt, ist aber vergleichsweise unscheinbar, da unter die Erde gebaut. Insgesamt gibt es 17 Kinosäle mit modernster Technik. Mehrere Bars, Cafés und Restaurants machen den Kinobesuch auch zu einem kulinarischen Erlebnis. Angegliedert ist das **Cinemagnum**, dessen 1000 qm große Leinwand als die größte Deutschlands gilt. Von der Dachterrasse des Kinokomplexes hat man einen traumhaften Blick auf die Nürnberger Kaiserburg.

Lorenzer Altstadt | Gewerbemuseumsplatz 3 | U-Bahn: Lorenzkirche | Tel. 20 66 67 | www.cinecitta.de

Filmhauskino   🚋🚌 C 6

Ambitioniertes kommunales Kino mit vielen Retrospektiven, auch die Lateinamerika-Filmtage finden hier statt.

Lorenzer Altstadt | Königstr. 93 | U-Bahn: Hauptbahnhof | Tel. 2 31 58 23 | www.kunstkulturquartier.de/filmhaus

Meisengeige   🚋🚌 C 4

Das älteste Programmkino der Stadt verfügt über zwei kleine Säle (26 bzw. 84 Sitzplätze) und wurde unlängst renoviert. Angeschlossen ist eine Kneipe mit Szeneflair und Kultstatus.

Sebalder Altstadt | Am Laufer Schlagturm 3 | Bus: Innerer Laufer Platz | Tel. 20 47 24 | www.meisengeige.de

KONZERT

Jazz Studio Nürnberg   🚋🚌 C 4

Seit 1954 stellt das in einem Kellergewölbe untergebrachte Jazz Studio Konzerte mit jungen Talenten und Stars der Branche auf die Beine. Selbst Count Basie, Chet Baker, Chico Freeman, Tomasz Stanki und Albert Mangelsdorff standen hier schon auf der Bühne.

Sebalder Altstadt | Paniersplatz 27–29 | Bus: Maxtor | Tel. 23 55 54 41 | www.jazz studio.de | Fr, Sa ab 20 Uhr, Konzertbeginn um 21 Uhr

OPER

Staatstheater Nürnberg   🚋🚌 B 6

Der Tempel der hehren Kultur, Opernwie auch Ballettliebhaber finden hier ansprechende Inszenierungen. Zudem gibt es Theater im Schauspielhaus, kleinere Produktionen werden entweder in den Kammerspielen oder in der Blue Box gezeigt. Restkontingente bekommt man meist noch an der Abendkasse.

Tafelhof | Richard-Wagner-Platz 2–10 | U-Bahn: Opernhaus | Tel. 2 31 35 75 | www.staatstheater-nuernberg.de | Kartenvorverkauf: Mo–Fr 9–18, Sa 9–13 Uhr (Tel. 01805/23 16 00)

Ein Blickfang ist das 1905 errichtete Opernhaus am Altstadtring. Im Jahr 2005 wurden Oper, Schauspiel, Ballett und Konzert zum Staatstheater Nürnberg (▶ S. 40) zusammengefasst.

THEATER

Burgtheater B 4

Die beliebte Altstadt-Kleinkunstbühne ist bekannt für ihr hervorragendes Kabarett- und Comedy-Programm.
Sebalder Altstadt | Füll 13 | Straßenbahn: Tiergärtnertor | Tel. 98 89 70 | www.burgtheater.de | Juni–Sept. Sommerpause

Gostner Hoftheater B 3

Das kleine Theater im Stadtteil Gostenhof ist fest in der Nürnberger Kulturszene verankert. Seit Jahrzehnten spielt das »Gostner« mit seinem eigenen Ensemble zeitgenössische Stücke und modern inszenierte Klassiker. Auch Gastspiele und Konzerte werden organisiert. Angeschlossen ist eine gutbesuchte Theaterkneipe.
Gostenhof | Austr. 70 | U-Bahn: Bärenschanze | Tel. 26 63 83 | www.gostner.de

Theater Pfütze E 2

Mehrfach ausgezeichnetes Kindertheater mit eigenen Produktionen und einer sehr schönen Spielstätte.
Sebalder Altstadt | Äußerer Laufer Platz 22 | U-Bahn: Rathenauplatz | Tel. 28 99 09 | www.theater-pfuetze.de

FESTE FEIERN

*Bardentreffen, Blaue Nacht und Christkindlesmarkt –
der Nürnberger Festkalender ist vielseitig und bunt. Zudem
locken mit Rock im Park und Klassik Open Air zwei große
Freiluft-Musikveranstaltungen.*

Langweilig wird es in Nürnberg nicht: Über das ganze Jahr verteilt kann
die Frankenmetropole mit einer Reihe besonderer Attraktion aufwarten.
Musikbegeisterte können nicht nur zwischen der Internationalen Orgelwoche und dem Klassik Open Air wählen, besonders beliebt ist das
Bardentreffen, das die gesamte Altstadt für ein komplettes Wochenende
mit Musik erfüllt. Die ganz Hartgesottenen pilgern zum Rock im Park,
um sich drei Tage lang die besten internationalen Bands anzuhören. Auf
mehreren Bühnen gibt es dann Musik fast rund um die Uhr.

IN DER ADVENTSZEIT ZUM CHRISTKINDLESMARKT

Kein anderer Weihnachtsmarkt kann mit der Popularität des Nürnberger
Christkindlesmarktes ⭐ mithalten, dessen Wurzeln bis ins frühe 17. Jh.
zurückreichen. Wenn das Nürnberger Christkind – eine junge Frau aus

◄ Baumschmuck in allen Variationen auf dem
Christkindlesmarkt (► MERIAN TopTen, S. 42).

der Bevölkerung – am letzten Freitag vor dem ersten Advent um 17.30 Uhr auf der Empore der Frauenkirche steht und den größten und bekanntesten Weihnachtsmarkt Deutschlands mit einem Prolog eröffnet, werden die Bilder der Feierlichkeiten in die ganze Welt übertragen. Inzwischen kommen alljährlich mehr als 2 Mio. Besucher, teilweise sogar mit Sonderflügen, in die Frankenmetropole, um sich an der vorweihnachtlichen Stimmung zu erfreuen. Die Atmosphäre ist geprägt vom Geschäft mit der nostalgischen Sentimentalität. Dicht gedrängt und umnebelt von Bratwurstduft und Glühweinschwaden schieben sich die Menschen durch die Budengassen. Bis zum Heiligen Abend sind die auf dem Hauptmarkt aufgestellten Holzbuden geöffnet. Neben Christbaumschmuck, Glühwein, Lebkuchen und Früchtebrot werden auch Rauschgoldengel und »Zwetschgenmännla« – ein glücksbringender Schlotfeger aus Zwetschgen, Datteln und einer Walnuss als Gesicht – feilgeboten.

FEBRUAR
Spielwarenmesse
Die größte Spielwarenmesse der Welt ist gewissermaßen das wirtschaftliche Aushängeschild der Stadt. Jedes Jahr ist Nürnberg eine Woche lang mit Messebesuchern gefüllt und kein Hotelbett mehr frei. Einziger Wermutstropfen: Die Messe öffnet nur für Fachbesucher.
Anfang Februar
Messezentrum | www.spielwaren messe.de

APRIL
Volksfest
Das Nürnberger Volksfest kann zwar nicht mit dem Münchner Oktoberfest mithalten, dafür findet es zweimal im Jahr statt. Zwei große Bierzelte und Dutzende von Fahrgeschäften sowie Losbuden und Imbissstände warten auf die Amüsierfreudigen. Am Mittwoch ist Familientag (bis 19 Uhr günstigere Preise). Das Fest steigt neben der Kongresshalle am Dutzendteich.
Anfang April und Anfang September
www.volksfest-nuernberg.de

MAI
Internationales Figurentheater-Festival
Bei dem renommierten Festival im Großraum Nürnberg, Erlangen, Fürth und Schwabach präsentieren sich zehn Tage lang mehr als 50 Theatergruppen aus aller Welt, wobei die Inszenierungen oft in Grenzbereichen zu Tanz und Performance angesiedelt sind.
Alle zwei Jahre (2015, 2017 etc.) Mitte Mai
www.figurentheaterfestival.de

Sommer in Nürnberg
Unter dem Motto »Sommer in Nürnberg« wird alljährlich während der

Sommermonate ein buntes Potpourri aus Musikkonzerten, Theateraufführungen sowie dem beliebten »Sommer-NachtFilmFestival« mit rund 80 Open-Air-Streifen im August präsentiert.
Mai–August
www.sommernachtfilmfestival.de,
www.kuf-kultur.de

Trempelmarkt
Einer der schönsten Trödelmärkte in Deutschland. Zweimal im Jahr (Mai und September) sind viele Straßen und Plätze der Nürnberger Altstadt von Freitagnachmittag bis Samstagmittag überfüllt mit den Besuchern des Trempelmarktes. Das Angebot reicht von Antiquitäten über Klamotten, Bücher, Schallplatten, CDs bis hin zu anderen »Schätzen« aus Großmutters Keller.
Altstadt

Blaue Nacht
Ein buntes Programm mit Ausstellungen, Musikkonzerten und Performance-Darbietungen steht jeweils im Mai unter einem anderen Motto. Ab 19 Uhr sind zahlreiche Museen, historische Häuser und Höfe bis spät in die Nacht geöffnet. Mehr als 150 000 Besucher strömen dann durch die Altstadt.
Ein Samstag in der zweiten Maihälfte
www.blauenacht.nuernberg.de

Internationale Orgelwoche
Unter Freunden der Musica Sacra gilt die alljährlich stattfindende Internationale Orgelwoche als das führende Festival Europas. Elf Tage lang präsentieren Solisten, Chöre und Orchester in den gotischen Kirchen der Altstadt geistliche Musik, wobei die Konzerte in die Gottesdienste integriert werden. Seit

2009 wird auch ein Musikprogramm am Osterwochenende organisiert.
Ende Mai
www.ion-musica-sacra.de

JUNI
Rock im Park
Das ultimative Festival für alle Musikfans! Größen aus dem Rock- und Popgeschäft geben sich auf dem Zeppelinfeld ein Stelldichein. Zu den Musikern, die schon auf den drei Bühnen standen, gehören Peter Gabriel, Bon Jovi, Sting, Metallica sowie Herbert Grönemeyer. Im Ticketpreis ist auch die Möglichkeit zum Campen und Parken inbegriffen.
Pfingstwochenende (Fr–So)
www.rock-im-park.de

Internationales ADAC Norisring Speedweekend
Nicht nur das Fürstentum Monaco kann sich eines Motorsportspektakels inmitten der Stadt rühmen: Zum Norisring-Rennen kommt die internationale Motorsportelite der Tourenwagen nach Nürnberg, um auf dem 2,3 km langen Stadtkurs Punkte für die jeweiligen Meisterschaften zu sammeln.
Letztes Juniwochenende
Zeppelinfeld | www.norisring.de

JULI/AUGUST
Klassik Open Air
Mit rund 100 000 Besuchern ist das Nürnberger Klassik Open Air die größte Veranstaltung ihrer Art in Europa. Einmal geben die Nürnberger Philharmoniker, das andere Mal die Nürnberger Symphoniker im Luitpoldhain gratis Einblicke in ihr Repertoire. Dabei geht es alles andere als steif zu: Die Zuhörer sitzen mit Decken in zwangloser

Picknick-Atmosphäre auf dem Rasen – Klassik mit Kultcharakter.

Letzter So im Juli, zweiter Sa im August
Luitpoldhain | www.klassikopenair.de

Bardentreffen

Wenn alljährlich im Sommer das Bardentreffen stattfindet, zeigt sich Nürnberg von seiner schönsten Seite. An sieben über die Altstadt verteilten Spielorten finden Open-Air-Konzerte zum Nulltarif statt. Die bekannteren internationalen Stars wie beispielsweise Joan Armatrading oder die Leningrad Cowboys spielen auf dem Hauptmarkt, besonders stimmungsvoll sind aber die Bühnen in der Katharinenruine sowie im Kreuzigungshof. Mehr als 200 000 Besucher strömen von Freitag bis Sonntag durch die Altstadt.

Erstes Sommerferienwochenende
(Ende Juli/Anfang Aug.)
www.bardentreffen.de

SEPTEMBER
Trempelmarkt ▶ S. 44

Altstadtfest

Dieses Fest ist vor allem ein geselliger Termin. In den auf der Hinteren Insel Schütt und dem Hans-Sachs-Platz errichteten Buden wird munter gezecht, dazu werden hauptsächlich regionale Spezialitäten serviert. Zentraler Publikumsmagnet ist das traditionelle Fischerstechen auf der Pegnitz.

2. Septemberhälfte
www.altstadtfest-nuernberg.de

DEZEMBER
Christkindlesmarkt

Alljährlicher Budenzauber auf dem Hauptmarkt mit mehr als 2 Mio. Besuchern (▶ S. 42).

Adventszeit (bis 24. Dez.), tgl. 10–21, an Heiligabend nur bis 14 Uhr
www.christkindlesmarkt.de

An die 100 teils hochkarätige Bands an vier Tagen auf drei Bühnen: Rund 70 000 Musikfans lassen sich das alljährliche Festival Rock im Park (▶ S. 44) auf dem Zeppelinfeld nicht entgehen.

MIT ALLEN SINNEN
Nürnberg spüren & erleben

Reisen – das bedeutet aufregende Gerüche und neue Geschmacks-erlebnisse, intensive Farben, unbekannte Klänge und unerwartete Einsichten; denn unterwegs ist Ihr Geist auf besondere Art und Weise geschärft. Also, lassen Sie sich mit unseren Empfehlungen auf das Leben vor Ort ein, fordern Sie Ihre Sinne heraus und erleben Sie Inspiration. Es wird Ihnen unter die Haut gehen!

◄ Verblüffende Täuschungen der Wahrnehmung im Turm der Sinne (► S. 48).

FÜHRUNGEN

Felsengänge und Kasematten 🚩 B 4

Der Burgberg ist löchrig wie ein Schweizer Käse, denn der gesamte Sandsteinfelsen unterhalb der Sebalder Altstadt ist von einem Netz an labyrinthartigen Gängen durchzogen, die sich teils über mehrere Etagen erstrecken und bei einer Führung erkundet werden können. Ursprünglich nutzte man die kühlen Räumlichkeiten zur Lagerung von Bier. Faszinierend ist auch das Belüftungssystem, das noch heute für eine perfekte Luftumwälzung sorgt. Im Zweiten Weltkrieg wurden die Felsenkeller zur Auslagerung wichtiger Kunstschätze wie auch als Luftschutzkeller genutzt. Auch durch die Kasematten der Burgbastei führen verzweigte Gänge, die auf einer Führung zusammen mit der Lochwasserleitung erkundet werden können. Letztere sicherte jahrhundertelang die Trinkwas-

serversorgung der Stadt Nürnberg. Hinweis: Auch im Sommer sollte man einen warmen Pullover nicht vergessen!
Sebalder Altstadt | Bergstr. 19 (Eingang beim Dürer-Denkmal) | Straßenbahn:

Tiergärtnertor | www.felsengaenge-nuernberg.de | Führungen tgl. 11, 13, 15 und 17 Uhr | Eintritt 5 €, erm. 4 € | Führungen durch die Kasematten April–Okt. tgl. 16 Uhr (nur je 10 Pers.) | Eintritt 6 €

Stadtführungen für Kinder 👫 🚩 B 2

Normale Stadtführungen sind für die meisten Kinder langweilig. Zum Glück gibt es in Nürnberg aber eine breite

Palette an speziellen, auf bestimmte Altersgruppen zugeschnittene Kinderführungen, die zum Entdecken der mittelalterlichen Stadt einladen. Es geht auf den Spuren von Martin Behaim (»Als der Erdapfel noch ohne Amerika war«) oder »von Königen, Rittern und Edelfrauen« durch die Stadt.
Wechselnde Termine, Informationen über Themen und Termine: Geschichte für Alle e.V. | Wiesentalstr. 32 | Tel. 33 27 35 | www.geschichte-fuer-alle.de | Verein der Gästeführer Nürnbergs | www.nuernberg-tours.de

MUSEEN UND GALERIEN

Mittelalterliche Lochgefängnisse 👫 🚩 B 4/5

Nicht nur Kinder und Jugendliche begeistert ein Besuch der unmittelbar unter dem Rathaus gelegenen Lochgefängnisse. Die authentischen Kellerräume vermitteln einen Eindruck von den wenig angenehmen Zuständen in einem mittelalterlichen Gefängnis. Trostlos und stockfinster waren sie, die zwölf Strafzellen mit ihren Schließstöcken. Besonders Widerspenstige mussten in der als »Kapelle« bezeichneten Folterkammer eine schreckliche nähere Bekanntschaft mit Daumenschrauben und ähnlichen Folterwerkzeugen machen.

Sebalder Altstadt | Rathausplatz 2 (unter dem Rathaus) | Bus: Hauptmarkt | www.museen.nuernberg.de | Mitte März–Okt. tgl. 10–16.30, im Winter Mo–Fr 10–16.30, während des Christkindlesmarktes tgl. 10–16.30 Uhr, 24. Dez.–5. Feb. geschl. | Eintritt 3,50 €, erm. 1,50 €

Im Turm der Sinne 👫 ⚑ A5

Im Museum im mittelalterlichen Mohrenturm wird die eigene Wahrnehmung auf eine harte Probe gestellt. Das interessante Konzept basiert auf einem interaktiven Hands-on-Museum.

Lorenzer Altstadt | Spittlertormauer 17 | Straßenbahn: Hallertor | www.turmdersinne.de | Di–Fr 13–17, Sa, So, feiertags 11–17, Schulferien tgl. 11–17 Uhr | Eintritt 6 €, erm. 4,50 €

SPORT UND AKTIVITÄTEN

Erfahrungsfeld zur Entfaltung der Sinne 👫 ⚑ F2/3

Keine Frage: In der modernen technischen Welt kommen die menschlichen Sinne viel zu kurz. Man weiß, wie sich eine Computertastatur anfühlt, aber hat keine Ahnung, wie Bäume riechen oder wie es ist, mit nackten Fußsohlen über Lehmboden zu laufen. Dieses Manko zu beseitigen, hat sich das Erfahrungsfeld zur Entfaltung der Sinne auf seine Fahnen geschrieben. Hinter dem etwas sperrigen Namen verbirgt sich eine sehr ansprechende pädagogische Einrichtung zur Schulung der Sinne und der Wahrnehmung, die sich im Herzen von Nürnberg, direkt auf der Wöhrder Wiese am südlichen Pegnitzufer befindet.

Jeden Sommer werden mit einem leicht veränderten Programm alle menschlichen Sinne vom Hören, Schmecken, Tasten bis hin zum Erleben von Bewegungen (Balanceklötze, Pendelfähre etc.) angesprochen. Besonders beliebte Stationen sind der Barfußweg durch das Gelände, die Klangsäulen sowie eine begehbare Lehmskulptur. Selbst Wasserschöpfräder und archimedische Schrauben gilt es zu entdecken.

Und sollte es einmal regnen, warten im überdachten Hippodrom eine Tastgalerie oder eine Bienenstation, während eine Bernoulli-Station einen Plastikball in einem Luftstrom schweben lässt oder mithilfe einer »Sandrifuge« aufgezeigt wird, wie Dünenmuster entstehen. Ungefähr 500 m entfernt gibt es im Hirsvogelbunker noch zwei weitere Attraktionen: einen 60 m langen Dunkelgang und ein Dunkelcafé, das von blinden Mitarbeitern bewirtschaftet wird.

Wöhrd | Johann-Soergel-Weg | U-Bahn: Wöhrder Wiese | www.erfahrungsfeld.nuernberg.de | Mai–Mitte Sept. So–Fr 10–18, Sa 10–13 Uhr | Eintritt 7 €, erm. 4/5 €

Eine Halle zum Auspowern ⚑ A2

Nicht nur bei schlechtem Wetter eignen sich die Nürnberger Fitnessstudios hervorragend, die eigene Kondition und Muskulatur zu verbessern. Doch was Angebot und Leistung betrifft, so gibt es große Unterschiede. Nürnbergs attraktivstes Studio ist fraglos das in einer ehemaligen Fabrikhalle in Eberhardshof untergebrachte Injoy.

Auf über 4000 qm wurde eine ganze Fitnesslandschaft mit modernsten Geräten installiert. Angefangen bei mehr als drei Dutzend Ausdauergeräten (Laufbänder, Crosstrainer, Fahrradtrainer, Rudergeräte etc.) über einen nach Muskelgruppen zusammengestellten Kraftgerätebereich bis hin zur klassischen Hantel. Hinzu kommen diverse Zirkel und mehrere Power-Plates, auf deren vibrationsunterstützte Trainingsmethoden auch Profisportler und Bundesligaspieler schwören. In zwei Aerobic-Räumen werden pro Monat über 240 Kurse angeboten, darunter Body Pump, Spinning, Pilates, Yoga sowie Wirbelsäulengymnastik. Zudem stehen sieben Badmintonfelder und ein großzügiger Wellnessbereich mit drei Saunen zur Verfügung. Super ist auch die Kinderbetreuung.

Ein Teil der Fabrikhalle ist dem Klettersport vorbehalten, wobei Kletterfreaks ihr Können an der mit 17 m höchsten Indoor-Kletterwand Frankens erproben können. Auf ungefähr 850 qm warten rund 100 Touren in den Schwierigkeitsgraden drei bis zehn. Mehrmals wöchentlich finden Kletterkurse statt, zudem werden bei Bedarf Kindergeburtstagsfeiern mit diversen Kletteraktionen ausgerichtet.

Eberhardshof | Fürther Str. 212 | U-Bahn: Eberhardshof | www.injoynuernberg.de, www.climbing-factory.de | Mo–Fr 9–24, Sa, So 9–22 Uhr

»Staunen, entdecken, forschen und erleben« ist das Motto des Erfahrungsfelds zur Entfaltung der Sinne (▶ S. 48) auf der Wöhrder Wiese – etwa auf dem Barfußpfad die Fußsohlen spüren.

NÜRNBERG
ERKUNDEN

Die Pegnitz wird zum Canal Grande, und der
Gondoliere passiert den Henkersteg (▶ S. 66).

EINHEIMISCHE EMPFEHLEN

Die schönsten Seiten Nürnbergs kennen am besten diejenigen,
die diese Stadt seit Langem oder schon immer ihr Zuhause nennen.
Drei dieser Bewohner lassen wir hier zu Wort kommen – Menschen,
die eines gemeinsam haben: die Liebe zu ihrer Stadt.

Frank Krause, Zahnarzt

Da ich am ruhigen Stadtrand im Nürnberger Osten wohne, unternehme ich immer wieder gerne einen Abstecher nach **Gostenhof** (▶ S. 92). Diese lebendige Multikulti-Ecke mit ihrem alternativen Touch hat sich in den letzten Jahren enorm entwickelt. Hier gibt es viele kleine Geschäfte und Secondhandshops zu entdecken, sehr interessant sind auch die Ateliertage im Oktober. Eine gute Übersicht findet man im selbst aufgelegten Stadtteilführer »in GoHo« (www.in-goho.de). Dieser liegt beispielsweise bei **Neoos Neues Design** in der Gostenhofer Hauptstraße 71 aus – einer dieser typischen aufstrebenden Projektläden (www.neoos-design.com).

Im Saal 600 des Justizgebäudes standen 1945/1946 die Hauptkriegsverbrecher vor Gericht. Am Originalschauplatz wurde das Memorium Nürnberger Prozesse (▶ S. 112) eingerichtet.

Außerdem bekommt man im **Schanzenbräu** (Adam-Klein-Str. 27) das beste Bier von Nürnberg (www.schanzen braeu.de). Gut, das ist leicht, denn es gibt nicht viele Brauereien im Stadtgebiet. Die Kneipe ist sehr originell, vieles ist noch im Originalzustand, im Sommer sitzt man im lauschigen Biergarten.

Annekatrin Fries, Kulturmanagerin

Der ehrlich-fränkische Umgangston (Nürnberg ist keine Stadt für Angeber!) und die überschaubare Größe – das ist für mich Nürnberg. Ich empfehle die Erkundung per Rad, am besten von Ost nach West, entlang des Flusses Pegnitz. Wer Kinder dabei hat, muss unbedingt am **Erfahrungsfeld zur Entfaltung der Sinne** (▶ S. 48) einen Stopp einlegen, dort auf den Scheiben balancieren und bei den Wasserspielen die Hose gründlich durchnässen. Und fünf Minuten später stehen Sie bereits mitten im Herzen der Altstadt. Meinen Lieblingsburgblick genieße ich am **Unschlittplatz** (▶ S. 119), den Nachmittagskaffee gleich hinter der von kalifornischen Graffiti-Künstlern bemalten Unterführung im **Schnepperschütz** an der Hallerwiese. Jetzt wird es »kulturlastig«: Der Rad-

weg führt vorbei an den berühmten, von Albrecht Dürer verewigten Stadtansichten der **Kleinweidenmühle** (▶ S. 90) bis zu dem Ort, an dem Nürnberg Weltgeschichte schrieb. Das **Memorium Nürnberger Prozesse** (▶ S. 112) im Justizpalast erzählt die Geschichte der Verhandlungen gegen die NS-Verbrecher nach dem Zweiten Weltkrieg. Als Kulturfan schätze ich zudem den sprudelnden Kunstort **Auf AEG** (noch ca. 10 Minuten weiter per Rad).

> *»Ich empfehle die Erkundung der Stadt per Rad, am besten von Ost nach West, entlang des Flusses Pegnitz.«*

Annekatrin Fries

Monika Ettl, Schulleiterin

Gutes Essen und Kochen sind meine Leidenschaft. Da Nürnberg mittlerweile zu einem Mekka der Spitzengastronomie avanciert ist, kann man sich wunderbare Anregungen auf gehobenem Niveau in den Kochkursen der Spitzenköche **Andree Köthe** und **Christian Wonka** holen. Zahlreiche themenorientierte Kochkurse von der Suppen- bis zur Geflügelzubereitung bietet auch **Gabriele Hussenether** in ihren schönen und großzügigen Räumlichkeiten mitten in der Altstadt am Weinmarkt 10 an (www.mobilekochkunst.de). Wer Lust hat, kann dort einfach am Samstagmittag unangemeldet vorbeischauen und in der lockeren Küchenatmosphäre leckere Salate und frisch vor den Augen der Gäste zubereitete Gerichte probieren.

SEBALDER ALTSTADT

Nördlich der Pegnitz gelegen, erstreckt sich die Sebalder Altstadt bis hinauf zur Burg. Ehedem lebten hier vor allem die vornehmen Patrizierfamilien, heute begeistert die große Dichte an guten Restaurants und Kneipen.

Die Silhouette der Sebalder Altstadt wird noch immer von der Kaiserburg und der nahezu komplett erhaltenen Stadtummauerung dominiert. Der Burgberg war die Keimzelle des mittelalterlichen Nürnbergs. Zu seinen Füßen entwickelte sich die aufstrebende Reichsstadt. Und noch heute eröffnet sich von der Burg der beste Blick über die Altstadt: Der mächtige Chor der Sebalduskirche ragt dabei aus dem verschachtelten Häusermeer mit seinen roten Ziegeldächern. Obwohl weite Teile der Altstadt im Krieg zerstört worden waren, ging man beim Wiederaufbau so behutsam vor, dass das Stadtbild weitgehend erhalten blieb.

BÜRGERSTOLZ

Die Sebalder Altstadt ist der gediegenere Teil des Zentrums. Hier lebten in früherer Zeit das Bürgertum und die wohlhabenden Kaufmannsfami-

◀ Die Kaiserburg (▶ MERIAN TopTen, S. 55)
mit Heidenturm und äußerem Burghof.

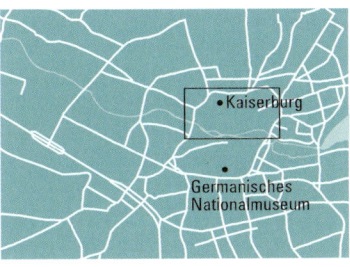

lien, aber auch renommierte Künstler wie Albrecht Dürer, dessen einstiges Wohnhaus heute ein Museum beherbergt. In einem weiteren schmucken Bürgerhaus, dem Fembohaus, kann man auf mehreren Stockwerken die Stadtgeschichte anschaulich nachvollziehen. Das Spielzeugmuseum und die Lochgefängnisse liegen nah beieinander. Während sich die großen Einkaufsstraßen auf der Lorenzer Seite südlich der Pegnitz erstrecken, finden sich auf der Nordseite nicht nur Restaurants, Kneipen und kleinere Einzelhandelsgeschäfte, sondern auch das an einen italienischen Renaissancepalast erinnernde Rathaus und der Hauptmarkt mit der spätgotischen Frauenkirche. Vor diesem repräsentativen Ensemble wird alljährlich auch der berühmte Christkindlesmarkt abgehalten, der Millionen Besucher in die Stadt lockt. Wer durch die Sebalder Altstadt streift, kann malerische Straßenzüge wie die Weißgerbergasse ebenso entdecken wie lauschige Plätze wie den sich an die Stadtmauer anschmiegenden Tiergärtnertorplatz im Nordwesten.

SEHENSWERTES

❶ Albrecht-Dürer-Denkmal 🚩 B 4

Der 1471 in der Stadt geborene Albrecht Dürer (▶ S. 84) ist gewiss der bekannteste Nürnberger Bürger. Keine Frage, dass der Künstler in seiner Heimatstadt mit einem Denkmal geehrt wird. Entworfen von Christian Daniel Rauch und in der Gießerei von Jakob Daniel Burgschmiet in Erz gegossen, wurde das Standbild unweit von Dürers einstigem Wohnhaus aufgestellt. Selbstbewusst in einen wallenden Mantel gehüllt, steht der Meister seit 1840 auf einem steinernen Sockel und blickt hinab zur Sebalduskirche.
Albrecht-Dürer-Platz (Bergstraße) |
Straßenbahn: Tiergärtnertor

❷ Burg  🚩 B 4

Seit Jahrhunderten dominiert der mächtige Burgkomplex das Stadtbild. Wie kaum ein anderes Bauwerk verkörpert seine markante Silhouette die kaiserliche Macht wie auch die mittelalterliche Bedeutung der Reichsstadt. Bis ins 20. Jh. hinein war die Burg schon aus der Ferne kilometerweit auszumachen, heute lässt sich dieser majestätische Anblick nur noch von Norden erahnen. Die Nürnberger Burganlage mit ihren Türmen, Kapellen, Höfen und Stallungen erstreckt sich weit über 200 m auf einem Sandsteinrücken und ist kein einheitliches Gebilde, da sie in mehreren Bauphasen errichtet wurde und immer wieder verändert worden war.

Archäologische Grabungen haben belegt, dass bereits rund 100 Jahre vor der ersten urkundlichen Erwähnung Nürnbergs im Jahr 1050 eine Adelsburg auf dem Burgberg existiert haben muss. Aus dieser kleineren unbedeutenden Festung entstand wohl im Lauf des 11. Jh. eine größere Burg, die den durchs Land reisenden Königen als Pfalz diente. Bis 1571 residierte jeder deutsche Kaiser mindestens einmal in Nürnberg, für Ludwig den Bayern und Karl IV. sind gar mehr als 40 Besuche dokumentiert. Im Schutz der Burg entwickelte sich eine prosperierende Siedlung, die im Jahr 1219 zur Freien Reichsstadt erhoben wurde und sich schnell zu einem der bedeutendsten Handelszentren im Heiligen Römischen Reich entwickelte. Spätestens während dieser Epoche wurde die Burg zu einem Symbol für die königliche Macht. Als ein wahres Festungsbollwerk trotzte Nürnberg allen Kriegswirren des Mittelalters wie auch der Reformation. Erst der überlegenen französischen Revolutionsarmee ergab sich die Stadt 1796 ohne Widerstand. Der Burgkomplex bestand einstmals aus drei verschiedenen Arealen (der Kaiserburg, einer burggräflichen Burg sowie einer reichsstädtischen Burganlage), die heute allerdings kaum mehr getrennt wahrgenommen werden.

Die eigentliche **Kaiserburg** wurde auf dem strategisch leicht zu verteidigenden Westteil des Burgbergs errichtet und ist wiederum in einen äußeren und einen inneren Burghof unterteilt, die frei zugänglich sind. Der Palas, die spätromanische Doppelkapelle, der Tiefe Brunnen sowie der Sinwellturm können nur im Rahmen einer Führung besichtigt werden; die Kemenate beherbergt das **Kaiserburgmuseum** (▸ S. 108). Der **Palas** thront auf dem steil abfallenden Burgfelsen und ähnelt einer Höhenburg, wobei der asymmetrische Grundriss den geografischen Gegebenheiten folgt. Sein heutiges Aussehen datiert in das 15. Jh. Der lang gestreckte Bau war repräsentativen Zwecken vorbehalten, weshalb er die meiste Zeit des Jahres un-

Stille Stunden unter alten Bäumen im Burggarten

Der Garten ist ein Kleinod und bietet so ungewohnte wie tolle Blicke auf die Festungsanlagen. Glücklicherweise findet sich stets eine freie Sitzbank für eine Pause (▸ S. 12).

bewohnt und durch ein eigenes Tor vom äußeren Burghof abgegrenzt war.

Das Erdgeschoss des Palas wird vom zweischiffigen **Rittersaal** eingenommen, darüber erstreckt sich der in den Reichsfarben (Schwarz-Gelb) gehaltene Kaisersaal. Die sich nach Norden hin anschließende **Kemenate** wurde im Zweiten Weltkrieg weitgehend zerstört und musste wiederaufgebaut werden.

Das kunsthistorisch bedeutendste Bauwerk der Burg ist die **Doppelkapelle** aus der Stauferzeit, die im äußeren Burghof steht, aber einen direkten Zugang zum Palas besitzt. Der Herrscher konnte so bequem den Gottesdienst von einer eigenen Empore in der Kaiserkapelle verfolgen, während die untere Margarethenkapelle dem Gefolge vorbehalten

war. Die mittelalterliche Ständegesellschaft fand hier ihre architektonische Entsprechung. Die Margarethenkapelle, die durch ein Rundbogenportal direkt vom Burghof zugänglich ist, wirkt eher kryptenhaft und düster, die romanischen Kapitele der tragenden Säulen zieren Adler und Löwenköpfe. Durch eine zentrale Öffnung im Mitteljoch ist sie mit der lichteren Kaiserkapelle verbunden, deren schlanke Marmorsäulen aus Italien stammen. Die Chorräume der Kapellen sind in den Margarethenturm integriert, der aufgrund seiner schwer zu deutenden Skulpturenreste auch als Heidenturm bezeichnet wurde. Mitten im äußeren Burghof befindet sich der in ein Brunnenhäuschen integrierte **Tiefe Brunnen**, der im Falle ei-

Eine Fahrt mit der historischen Straßenbahn

Jeden ersten Samstag im Monat kann man mit einer Oldtimertram entlang der historischen Burglinie 15 fahren. Die Sitze sind hart, aber das Flair ist einmalig (▸ S. 12).

ner Belagerung die Wasserversorgung sicherte und 50 m tief in den Sandstein getrieben wurde. In seiner Nachbarschaft ragt der **Sinwellturm** in den Himmel. Der einstige Bergfried der Stauferburg erhielt seinen Namen vom mittelhochdeutschen »sinwel« (»rund«), da er auf einem für die damalige Zeit noch ungewöhnlichen runden Grundriss errichtet wurde. Der Sinwellturm kann bestiegen werden und bietet einen herrlichen Panoramablick.

Eine mächtige Schildmauer trennt die Kaiserburg von der **Burggrafenburg**, die den einzigen Zugang abermals absicherte. Erst als sich die Konflikte zwischen der Reichsstadt und den Burggrafen weiter zugespitzt hatten, wurden die Befestigungsmauern aufgebrochen, sodass die städtischen Würdenträger über eine durch das Himmelstor führende Rampe einen direkten Zugang zur Kaiserburg erhielten.

Der charakteristische **Fünfeckturm** ist der älteste Bau der Stadt (spätes 12. Jh.). Er bildete den Bergfried der Burggrafenburg und verdankt seinen Namen seinem eigenwilligen Grundriss. Bis auf die Walpurgiskapelle, deren Chor zur Stadt zeigt, den Fünfeckturm und die Burgamtsmannswohnung samt vorgelagerter Barbakane haben sich von der Burggrafenburg keine Bauten erhalten.

Neben dem Fünfeckturm fallen die **Befestigungsmauern** fast 20 m senkrecht zum Stadtgraben ab. Wer sich über die Brüstung beugt, kann noch den imaginären Hufabdruck entdecken, den das Pferd des Eppelein von Gailingen hier hinterlassen haben soll. Der Sage zufolge sollte der Raubritter gehenkt werden. Sein letzter Wunsch war es, noch einmal auf seinem geliebten Pferd zu sitzen, dann gab er dem Tier die Sporen, um nach einem waghalsigen Sprung über den Graben zu flüchten. Der zentrale Platz der Burggrafenburg war die **Freiung**, von der sich ein weiter Blick über die Dächer der Altstadt eröffnet. Kriegerische Auseinandersetzungen mit den Truppen eines bayerischen Herzogs führten im Jahr 1420 zur Zerstörung von Teilen der Burggrafenburg. Da der mächtige Nürnberger Burggraf inzwischen zum Markgrafen von Brandenburg aufgestiegen war, hatte er kein Interesse mehr an der Festung und verkaufte sie an die Reichsstadt.

Bereits Jahrzehnte zuvor hatten die Nürnberger mit dem **Luginsland** einen Wachturm auf dem Burgfelsen errichtet, um den Burggrafen besser kontrollieren zu können. Nach dem Erwerb der Burggrafenburg wurde die bauliche Lücke zum Fünfeckturm durch die **Kaiserstallung** von Hans Beheim d. Ä. architektonisch sehr geschickt geschlossen. Während in der Pfeilerhalle der kaiserliche Tross einquartiert wurde, dienten die Dachgeschosse als städtisches Kornhaus. Heute ist eine der schönsten Jugendherbergen Deutschlands in der Kaiserstallung untergebracht.

Nach Nordwesten hin wird der gesamte Burgkomplex von mächtigen Basteien geschützt, auf denen der frei zugängli-

Burg ⭐ 2

1 Luginsland
2 Kaiserstallung
3 Fünfeckturm
4 St. Walburgis
5 Wehrmauer
6 Tor der Burggrafenburg
7 Burggrafenhaus
8 Vestnertor
9 Schildmauer

10 Himmelstor
11 Hasenburg
12 Sinwellturm
13 Hasenstallung

14 Finanzstadl
15 Tiefer Brunnen
16 Sekretariatsgebäude
17 Kastellansgebäude

18 Kaiserliche Doppelkapelle
19 Tor zum inneren Burghof
20 Palasbau
21 Palasflügel mit Wohnräumen
22 Kemenate (Ausstellung)
23 Wehrmauer
24 Bastion
25 Teil der Bastion, Sternwarte
26 Freiung

che **Burggarten** (▶ S. 12) angelegt wurde. Die imposanten, zickzackförmigen Basteien mit ihren meterdicken Mauern entstanden Mitte des 16. Jh. nach Plänen des italienischen Festungsbaumeisters Antonio Fazuni, um die Burg vor feindlichem Beschuss zu schützen.

🕐 Herrlich ist es, von der Freiung aus zu verfolgen, wie die Dächer der Altstadt bei Sonnenauf- oder -untergang leuchten. Auf der Burg 13 | Straßenbahn: Tiergärtnertor | www.schloesser.bayern.de | April–Sept. 9–18, Okt.–März 10–16 Uhr | Eintritt 7 €, erm. 6 € (3 €, erm. 2 € nur für den Tiefen Brunnen mit Sinwellturm)

2 Egidienkirche ⚑ C 4

Die Pfarrkirche St. Egidien gehört zu den wenigen Barockbauten im Stadtbild. Die Wirtschaftskraft der Reichsstadt hatte nach dem Dreißigjährigen Krieg erheblich abgenommen, doch als die aus einem Schottenkloster hervorgegangene alte Egidienkirche durch einen Blitzschlag zerstört worden war, entschloss man sich Anfang des 18. Jh. zu einem Neubau im barocken Stil, dessen Wirkung durch den großen vorgelagerten Platz noch erhöht wurde. An den Vorgängerbau erinnert noch die romanische Euchariuskapelle, die sich ebenso an die Egidienkirche anschließt wie die gotische Tetzelkapelle und die spätgotische Wolfgangskapelle.

Egidienplatz | Bus: Egidienplatz | www.egidienkirche.de

3 Frauenkirche   B 5

Die Ostseite des annähernd quadratischen Hauptmarktes wird von der spätgotischen Fassade der Frauenkirche dominiert, die 1355 an der Stelle einer jüdischen Synagoge im Stil einer Hallenkirche errichtet wurde. Auf der Empore, auf der heute das Nürnberger Christkind seinen Eröffnungsprolog spricht, präsentierte der Kaiser seinem Volk die Reichskleinodien. Später wurde über der Empore ein kostbares Spielwerk eingebaut, das berühmte »**Männleinlaufen**«. Täglich um 12 Uhr mittags verneigen sich die sieben Kurfürsten dreimal vor Kaiser Karl IV., während die Musikanten ihre Instrumente bewegen.

Gut erhalten ist die Vorhalle mit ihren Spitzbogenportalen und dem reichhaltigen Figurenschmuck. Zu den wertvollsten Ausstattungsstücken zählen der **Tucheraltar** (um 1445), dessen Triptychon Verkündigung, Kreuzigung und Auferstehung zeigt, sowie ein **Sandsteinepitaph**, den Adam Kraft um 1500 für die Familie Pergenstorffer geschaffen hat.

Hauptmarkt | Bus: Hauptmarkt

4 Füll   B 4

Füll ist der Name für eine der schönsten Altstadtgassen von Nürnberg. Der ungewöhnliche Name erinnert noch an den Graben um die vorletzte Stadtummauerung, der, nachdem die Stadt weit über ihre einstigen Grenzen hinausgewachsen war, einfach aufgefüllt wurde. Mehrere vornehme Bürgerhäuser (auf Nr. 6, 8 und 12) mit den für Nürnberg typischen Chörlein sowie reizvollen Höfen samt Holzgalerien finden sich hier.

Fachwerkidylle im Pfarrhof der Sebalduskirche (▶ S. 64). Dessen Ursprünge gehen auf das Jahr 1361 zurück, hier wohnten einst Prediger, Diakone, Verwalter und Bedienstete der Gemeinde.

Die Füll wird im Osten begrenzt durch das Pfarrhaus an der Ecke zum Sebalder Platz. Das **Sebalder Pfarrhaus** besitzt einen spätmittelalterlichen Innenhof sowie ein markantes gotisches Chörlein. Dieses ist allerdings nur eine Kopie, da sich das Original im Germanischen Nationalmuseum (▶ S. 107) befindet.

Bus: Hauptmarkt

Weißer Christkindles-markt und heißer Glühwein 3

Ist man im Advent bei Schneefall in Nürnberg, wirkt die weiße Pracht auf den Dächern der Buden und der Frauenkirche wie hingezaubert – ein magischer Moment (▶ S. 13).

3 Hauptmarkt B 5

Der Hauptmarkt ist gewissermaßen das Bindeglied zwischen der Sebalder und Lorenzer Altstadt. Ursprünglich war dieses Areal, auf dem sich heute auch der **Schöne Brunnen** (▶ S. 62) befindet, ein unwirtliches sumpfiges Gelände, das immer wieder von den gefürchteten Hochwassern der Pegnitz heimgesucht wurde. Als Bauplatz minderer Güte überließ man das Gebiet den Juden, die sich hier ansiedelten und eine Synagoge errichteten. Doch nachdem die beiden Nürnberger Stadthälften mit einer gemeinsamen Stadtmauer verbunden worden waren, weckte die zentrale Lage des Ghettos Begehrlichkeiten.

Mit Zustimmung von Kaiser Karl IV. kam es 1349 in Nürnberg zu einem Pogrom, bei dem mehr als 600 Juden den Tod fanden. Das Ghetto wurde in der Folge abgerissen. Doch statt das Areal wieder zu bebauen, entstand der größte gepflasterte Marktplatz nördlich der Alpen, auf dem seinerzeit Turniere abgehalten und alljährlich die Reichskleinodien präsentiert wurden.

Heute findet hier werktags ein **Grüner Markt** (▶ S. 37) statt, der bei Großveranstaltungen wie dem Christkindlesmarkt oder dem Bardentreffen in Richtung Lorenzkirche verlegt wird.

Hauptmarkt | Bus: Hauptmarkt

5 Heilig-Geist-Spital C 5

Was macht ein reicher, um sein Seelenheil besorgter Patrizier im Mittelalter? Richtig, er stiftet einen Teil seines Vermögens für den Bau eines Spitals. Jedoch handelte der Nürnberger Reichsschultheiß Konrad Groß 1331 nicht ganz selbstlos, denn die Armen, Kranken und Bedürftigen, die hier ein Dach über dem Kopf fanden, mussten täglich für das Seelenheil des Stifters beten. Zum Spital gehörte eine Kirche, die von 1424 bis 1796 der Aufbewahrungsort der **Reichskleinodien** (Krone, Zepter, Reichsapfel, Schwert etc.) war. Bis auf eine Außenmauer wurde die Kirche im Krieg komplett zerstört.

Sein heutiges Aussehen erhielt das Heilig-Geist-Spital gegen Anfang des 16. Jh. durch den großen Stadtbaumeister Hans Beheim d. Ä., der den nördlichen Arm der Pegnitz mit einem Doppelbogen hin zur Westspitze der Insel Schütt überbrückte. Die mehrgeschossigen Spitalgebäude gruppierten sich um mehrere Höfe, darunter befinden sich der **Hanselhof** mit dem gleichnamigen Brunnen und der von Spitzbogenarkaden gesäumte **Kreuzigungshof**.

In einer an den Kreuzigungshof angrenzenden Halle steht auch das Hochgrab des Stifters. Heute werden die Räumlichkeiten (fast) ihrer ursprünglichen Bestimmung gemäß als städtisches Seniorenwohnheim genutzt.

Spitalgasse 16 | Bus: Heilig-Geist-Spital

6 Rathaus B 4

Nicht die Burg, sondern vielmehr das Rathaus war die Visitenkarte einer Freien Reichsstadt und für das Selbstverständnis ihrer Bürger enorm wichtig. So ist auch das Nürnberger Rathaus ein repräsentativer Prachtbau, der die Bedeutung und den Machtanspruch der Stadt unterstreichen sollte.

Das Gebäude wurde wenige Jahre vor dem Dreißigjährigen Krieg errichtet – also in einer Epoche, die als die letzte Glanzzeit der Reichsstadt gilt. Niemals zuvor lebten mehr Menschen in Nürnberg, die fränkische Metropole prosperierte wirtschaftlich und spielte damals gewissermaßen in der europäischen Champions League. Entsprechend eindrucksvoll fiel der Neubau des Rathauses aus. Als Architekt fungierte Jakob Wolff d. J., der bei seinem Entwurf auch Teile des Vorgängerbaus, darunter einen gotischen Saal, integrierte und sich ansonsten an italienischen Vorbildern und dem Augsburger Renaissance-Rathaus von Elias Holl orientierte.

Vor allem die im Spätrenaissancestil ausgeführte Westfassade mit ihrem opulenten Figurenschmuck weckt Erinnerungen an römische Stadtpaläste, wenngleich die Dachpavillons ihre Nähe zur französischen Schlossarchitektur nicht verleugnen können.

Eindrucksvoll künden die drei von Allegorien verzierten **Portale** vom Selbstbewusstsein der einstigen Reichsstadt. Während das mittlere Portal daran gemahnt, dass sich Nürnberg der Gerechtigkeit und Wahrheit verpflichtet fühlt,

erkennt man auf den äußeren Portalen die Herrscher der vier Weltreiche (Assyrisches, Babylonisches, Griechisches und Römisches Reich).

Im Innenbereich gefällt eine mächtige Eingangshalle, die zum Großen Hof führt, in dem sich ein **Renaissancebrunnen** von Pankraz Labenwolf befindet. Leider ist die reiche Ausstattung durch Kriegsschäden weitgehend vernichtet worden. Zu den älteren Gebäudeteilen gehören die sich im Untergeschoss befindlichen **Lochgefängnisse** (▶ S. 47) sowie der **Große Rathaussaal**, der noch von einem 1332 bis 1340 errichteten Vorgängerbau stammt.

Der mehr als 40 m lange Saal, der später mit einer prachtvollen Holztonnendecke ausgestattet wurde, galt damals als größter profaner Saalbau nördlich der Alpen – ein stolzes Sinnbild für den Glanz der Reichsstadt. Hier fanden die Gerichtssitzungen und großen Empfänge statt, darunter von April 1649 bis Juli 1650 auch der Friedensexekutionskongress, der Fragen zum Abschluss des Dreißigjährigen Krieges klären sollte.

Auch der Rathaussaal blieb von den Zerstörungen des Zweiten Weltkriegs nicht verschont. Dies ist vor allem schmerzlich, weil dabei auch die Wandmalereien von Albrecht Dürer unwiederbringlich verloren gegangen sind.

Rathausplatz | Bus: Hauptmarkt

7 Schöner Brunnen B 5

An der nordwestlichen Ecke des Hauptmarkts erhebt sich der Schöne Brunnen. Gegen Ende des 14. Jh. errichtet, wurde er wegen seiner Vergoldung und bunten Bemalung schon bald als »schön« bezeichnet. Je nach Standort verbinden sich die Blicklinien zum

Chor der Sebalduskirche und der Burg oder zur Frauenkirche. Nachdem das gotische Original aus Sandstein stark verwittert war (die Reste sind heute im Germanischen Nationalmuseum ausgestellt), wurde der Brunnen zu Beginn des 20. Jh. durch eine Kopie aus Muschelkalk ersetzt.

Die an eine gotische Kirchturmspitze erinnernde 19 m hohe **Brunnenpyramide** besitzt ein reiches ikonografisches Programm, das die Menschen des Mittelalters wie ein Bilderbuch lesen konnten. Der oberste Figurenzyklus mit Moses und den sieben Propheten fordert, die göttliche Ordnung einzuhalten, darunter gruppieren sich die sieben Kurfürsten mit den neun Helden (Hektor, Cäsar, Karl der Große etc.) als Symbol für die weltliche Gerechtigkeit. Auf den Sockeln am Beckenrand finden sich die Allegorien der Philosophie und der frei-en Künste sowie die vier Kirchenväter (Ambrosius, Hieronymus, Augustinus und Gregorius) und die vier Evangelisten. Das oktogonale **Brunnenbecken** ist von einem schmiedeeisernen Gitter mit Rautenmuster samt Arabesken und Blattranken umgeben, das im Jahr 1587 von dem Augsburger Schlossermeister Paulus Kuhn angefertigt wurde. Es ist daher nun älter als der Brunnen selbst. Vor allem die zwei drehbaren **Ringe** am Brunnengitter faszinieren die Passanten. Der Messingring an der Südwestseite stammt noch aus der Hand von Paulus Kuhn selbst, während der gegenüberliegende Eisenring erst bei der Restaurierung 1957 eingefügt wurde. Der Messingring gilt als Glücksbringer: Wer an ihm dreht und dabei an etwas Schönes denkt, dessen Wunsch soll angeblich in Erfüllung gehen.

Hauptmarkt | Bus: Hauptmarkt

Der in das eiserne Gitter des Schönen Brunnens (▶ S. 62) am Hauptmarkt eingeschmiedete »Wunschring« gilt als Glücksbringer. Kindersegen soll denjenigen erwarten, der daran dreht.

Das Sebaldusgrab von Peter Vischer ist der eigentliche Höhepunkt im Inneren der Sebalduskirche (▶ S. 64). Der fast fünf Meter hohe Bronzeguss entstand 1508 bis 1519.

8 Schuldturm   C 5

Direkt am Ufer der Pegnitz steht der
Schuldturm, der zu Beginn des 14. Jh.
als Teil der vorletzten Stadtummauerung die zur **Insel Schütt** weisende
Ostseite der Stadt absichern sollte. Da
die Stadtmauer später abgetragen wurde, steht der mit vier Erkern verzierte
Turm heute frei. Genau genommen
handelt es sich um den **Männerschuld-
turm**, auch »Männereisen« genannt.
In der Regel waren hier Personen in-
haftiert, die ihren Zahlungsverpflich-
tungen nicht nachgekommen waren,
wobei allerdings der Gläubiger die
Kosten für die Inhaftierung überneh-
men musste. Der berühmteste Insasse
des Schuldturms war der ehemalige
Ratsherr Hans Stromer, der 1559 wegen Geheimnisverrats ganze 33 Jahre
eingesperrt wurde, bis er schließlich
selbst seinem Leben ein Ende setzte.
Spitalbrücke | Bus: Heilig-Geist-Spital

9 Sebalduskirche   B 4

Das Gotteshaus wurde nach dem Stadtheiligen Sebald benannt und ist die
kulturgeschichtlich bedeutendste Kirche Nürnbergs. Mächtig ragen ihre
Türme aus der Dächerlandschaft der
Sebalder Altstadt. Der spätgotische
Ostchor der Sebalduskirche reicht fast
bis ans Hauptportal des Rathauses heran und präsentiert sich als wahres
Raumwunder. Allerdings wurde er
durch den Neubau des benachbarten
Rathauses (▶ S. 62) in seiner architektonischen Wirkung beschnitten.
Wahrscheinlich existierte bereits im
11. Jh. an dieser Stelle eine kleine Holz-
kapelle, die durch eine romanische Kirche ersetzt wurde. Der Legende zufolge
soll sie über dem Grab eines Eremiten
namens Sebald errichtet worden sein,
dem man bald einige Wunder nachsag-
te, was zu einer stetig wachsenden Pil-
gerzahl führte. Bald darauf identifi-

zierten sich auch die Nürnberger mit ihrem Lokalheiligen, der schließlich 1425 vom Papst auch offiziell heilig gesprochen wurde. Nicht zufällig hatten Nürnberger Kaufleute die päpstliche Schatulle zuvor ein wenig aufgefüllt.

Trotz ihrer Bedeutung für Nürnberg blieb die Sebalduskirche bis zur Reformation stets nur eine einfache Bürgerkirche, die kirchenrechtlich ihrer Mutterkirche St. Peter und Paul in Poppenreuth bei Fürth und damit dem Bamberger Bistum unterstand. Kurz nach der Ernennung zur Freien Reichsstadt entschieden sich die reichen Patrizier für einen repräsentativen Neubau im Stil einer Pfeilerbasilika (erste Hälfte des 13. Jh.), von dem heute noch das relativ kurze Langhaus des dreischiffigen Mittelschiffs zeugt. Die Kirche erhielt einen Doppelchor, bei dessen Errichtung sich die Baumeister aus dem Ebracher Zisterzienserkloster am Bamberger Dom orientierten. Auch die Doppelturmfassade weist Ähnlichkeiten mit dem Bamberger Vorbild auf. Schon bald war die Kirche zu klein, sodass erst die romanischen Seitenschiffe abgebrochen und im gotischen Stil erweitert wurden, bevor man zwischen 1361 und 1379 den romanischen Ostchor durch einen spätgotischen Hallenchor ersetzte, der gut die Hälfte der Gesamtlänge der Kirche ausmacht. Mit seinen riesigen Glasfenstern und filigranen Pfeilern, die ohne Gliederung ins Gewölbe übergehen, ist der **Ostchor** dem gotischen Streben nach Licht verpflichtet und begeistert durch seine einzigartige Raumwirkung. Bevor man in die Kirche hineingeht, empfiehlt sich noch ein Rundgang um die Außenmauern. Unter den vier Portalen sind vor allem das **Weltgerichts-**

portal am südlichen und das von einem Vorhangmaßwerk verzierte **Brautportal** am nördlichen Seitenschiff hervorzuheben. Kunsthistorisch bedeutsam ist der **Schreyer-Landauersche Epitaph** von Adam Kraft. Das erste Monumentalwerk des begabten Bildhauers zeigt eine figurenreiche Darstellung des Passionszyklus' und befindet sich schräg gegenüber dem Rathaus.

Betritt man das Innere des Gotteshauses, muss man vor allem die grandiose Leistung des Wiederaufbaus würdigen. Die Sebalduskirche wurde im Zweiten Weltkrieg sehr schwer beschädigt, insbesondere der Chor wurde bis auf die Grundmauern zerstört, wie Fotografien in der Kirche beweisen. Durch eine behutsame Instandsetzung und Rekonstruktion blieb die einzigartige Aura des Sakralbaus weitgehend erhalten. Glücklicherweise konnten die Kunstwerke und Glasmalereien durch Auslagerung fast vollständig gerettet werden. Als Meisterstück gilt das von Peter Vischer geschaffene **Sebaldusgrab** im Zentrum des Ostchors. An der Schwelle zur Reformation schuf Peter Vischer zusammen mit seinen drei Söhnen von 1508 bis 1519 dieses eindrucksvolle Renaissancegrab, das als bedeutendster Messingguss Deutschlands gilt. Die Gebeine des Nürnberger Stadtheiligen ru-

Fachwerkromantik am Tiergärtnertorplatz

Die gute Stube Nürnbergs: Der Platz schmiegt sich beinahe am höchsten Punkt der Altstadt an die historische Stadtmauer, gesäumt von herrlichen Fachwerkhäusern (▶ S. 13).

hen in einem Silberschrein, der bereits 1396 in der Werkstatt von Fritz Habeltzheimer entstanden ist. Der Reliquienschrein ruht auf einer Tumba, auf deren Längsseiten je zwei Reliefs die Sebalduslegende illustrieren, während an den Schmalseiten der hl. Sebald und Peter Vischer dargestellt sind. Von dem mit Schnecken, Delfinen sowie Figuren der antiken Sagenwelt verzierten Unterbau ragen acht schlanke, von den zwölf Aposteln flankierte Säulen in die Höhe und tragen einen Baldachin mit den zwölf Propheten und dem Himmlischen Jerusalem. Auf der Spitze thront das Christuskind mit der Erdkugel.

Von den weiteren Kunstwerken im Kircheninneren verdienen der **Fürst der Welt** (um 1325), dessen von Maden und Würmern zerfressener Rücken an die Vergänglichkeit des Menschen erinnert, genauso Beachtung wie die **Madonna im Strahlenkranz**, die ehedem zu einem Marienaltar gehörte. Mit der dreiteiligen **Volckamerschen Passion** aus dem Jahr 1499 und einer **Kreuzigungsgruppe** besitzt die Sebalduskirche auch zwei Werke von Veit Stoß.

Sebalder Platz | Bus: Hauptmarkt | www.sebalduskirche.de | Jan.–März 9.30–16, April, Mai und Mitte Sept.–Dez. 9.30–18, Juni–Mitte Sept. 9.30–20 Uhr

10 Sieben Zeilen ⚑ C 4

Als eine der ersten Arbeiterwohnsiedlungen gehören die Sieben Zeilen ähnlich wie später die Augsburger Fuggerei zu den sozialgeschichtlichen Monumenten der Frühen Neuzeit. Um die Wirtschaftskraft Nürnbergs zu stärken, warb der Rat der Stadt Barchentweber aus Schwaben an, denen man Wohnhäuser und Werkstätten zur Verfügung

stellte. Ab dem Jahr 1489 begann man schließlich mit dem Bau von sieben Reihen mit je drei gleichartigen Häusern. Leider ist das einzigartige Ensemble im Krieg zerstört und durch Nachbauten ersetzt worden, die einzige erhaltene unterste Zeile fiel der Wiederaufbaueuphorie zum Opfer und wurde erst nach Protesten rekonstruiert.

Bus: Maxtor

11 Weinstadel ⚑ B 5

Der lang gestreckte Fachwerkbau mit einem Sandsteinuntergeschoss und den Holzgalerien befindet sich in malerischer Lage direkt am Ufer der Pegnitz. Zusammen mit dem **Henkersteg** und dem **Henkerturm** gehört das Ensemble zu den wohl am meisten fotografierten Ecken der Stadt. Ursprünglich wurde das Gebäude in der Mitte des 15. Jh. als Sondersiechenhaus für Aussätzige errichtet. Doch schon wenige Jahrzehnte später wurde der Bau als reichsstädtisches Weinlager genutzt. Heute ist hier ein Studentenwohnheim untergebracht.

Maxplatz | Bus: Weintraubengasse

12 Weißgerbergasse ⚑ B 4/5

Nürnbergs einst so berühmtes Stadtbild mit den gewundenen Gassen, den Fachwerkhäusern und Butzenscheiben hat den Bombennächten des Zweiten Weltkriegs Tribut zollen müssen. Als einer der schönsten Straßenzüge der Altstadt gilt die Weißgerbergasse mit ihren mustergültig restaurierten Fachwerkhäusern. Früher lebten hier in Pegnitznähe die Weißgerber, die vor allem kostbare Felle bearbeiteten. Heute haben sich in der Gasse kleine Einzelhandelsgeschäfte und Kneipen angesiedelt.

Bus: Weintraubengasse

Eine Reihe von Straßencafés säumt den Tiergärtnertorplatz (▶ MERIAN TopTen, S. 118) am Fuße der Kaiserburg. Von hier führen vier Gassen strahlenförmig den Hang hinab.

MUSEEN UND GALERIEN

13 **Albrecht-Dürer-Haus** ▶ S. 105

14 **Kaiserburgmuseum** ▶ S. 108

15 **Museum Tucherschloss mit Hirsvogelsaal** ▶ S. 110

16 **Spielzeugmuseum** ▶ S. 113

17 **Stadtmuseum Fembohaus** ▶ S. 113

ESSEN UND TRINKEN

RESTAURANTS

18 **A Tavola**   C 4

Ein Stück Italien – Schnelle italienische Bistroküche zu einem bemerkenswerten Preis-Leistungs-Verhältnis. Die Pasta-Auswahl ist riesig. Und selbst der Oberbürgermeister kommt bisweilen mittags aus dem nahen Rathaus vorbei. Theresienplatz 7 | Bus: Egidienplatz | Tel. 33 76 87 | Mo–Sa 11–22 Uhr | €

19 **Australian Bar**   C 4

Down under – Nürnberg auf dem Exotiktrip: Statt Schäufele isst man hier Kängurufilet, manchmal auch Strauß oder Krokodil. Zum Frühstück gibt es »Flap Jacks«, das sind Pfannkuchen mit Ahornsirup, auf Wunsch auch mit Bananenscheiben und Walnüssen. Die Räumlichkeiten sind in dunklen Tönen gehalten. Man kann in der riesigen Bar mit ihrem dominierenden Tresen auch einfach nur ein Getränk zu sich nehmen, am Wochenende geht es »down under«, denn dann hat zusätzlich die Lounge im Untergeschoss geöffnet. Obstmarkt 26 | Bus: Hauptmarkt | Tel. 80 19 26 48 | www.australianbar.de | Mo–Do 11–1, Fr 11–2, Sa 9–1, So 9–2 Uhr | €€

20 **Bratwursthäusle** ▶ S. 28

21 **Essigbrätlein** ▶ S. 28

22 **Heilig-Geist-Spital**   C 5

Romantisch – Fränkische Spezialitäten in historischem Ambiente direkt über der Pegnitz. Allerdings wird der große Speisesaal nicht selten von Busgesellschaften frequentiert.

Spitalgasse 16 | Bus: Heilig-Geist-Spital | Tel. 22 17 61 | www.heilig-geist-spital.de | tgl. 11.30–24 Uhr | €€

23 Kettensteg B 5

Biergarten mit Flair – Am Ufer der Pegnitz, direkt hinter der Stadtmauer, wird in der gemütlichen Gaststätte Kettensteg viel Wert auf eine gutbürgerliche Küche gelegt. So kommt hier beispielsweise der Fränkische Sauerbraten mit Lebkuchensoße auf den Tisch. Wer will, kann in dem schattigen, romantischen Biergarten mit seinen mehr als 250 Plätzen aber auch nur einfach seinen Durst löschen.

Maxplatz 35 | Straßenbahn: Hallertor | Tel. 22 10 81 | www.sudhausnuernberg. de/kettensteg | tgl. 11–24 Uhr | €€

24 Sebald B 4

Verspielte Gourmetküche – Mitten in der Altstadt steht dieses herrliche Neorenaissancehaus, das seit Jahren eine anspruchsvolle Küche mit italienischem Einschlag bietet. Egal, ob beim Vitello tonnato mit Apfel-Kapern oder dem Saltimbocca vom Kalbsfilet mit Mailänder Risotto – der Gast wird sicherlich nicht enttäuscht sein, schließlich schwingt mit Karl Bernd Sperber ein ehemaliger Sternekoch den Kochlöffel. Weitere Pluspunkte sind die ansprechenden Räumlichkeiten sowie die herrliche Straßenterrasse.

Weinmarkt 14 | Bus: Hauptmarkt | Tel. 38 13 03 | www.restaurant-sebald.de | Mo–Sa 11–1, So 12–23 Uhr | €€€

25 Zum Spießgesellen B 4

Rustikales Schmausen – Moderne Erlebnisgastronomie in den komplett

Der Biergarten des historischen Wirtshauses Kettensteg (▶ S. 68) an der gleichnamigen Brücke über die Pegnitz ist der perfekte Ort, um einen lauen Sommertag ausklingen zu lassen.

renovierten Ratsstuben. Besonders beliebt sind die diversen Fleischspieße, die je nach Hunger zwischen einem »Fuß« und einer »Elle« lang sind.

Rathausplatz 4 | Bus: Hauptmarkt | Tel. 23 55 55 25 | www.spiessgeselle.de | tgl. 11–24 Uhr | €€

CAFÉS

 **26 Café Neef** 🚩 B 5

Die Confiserie von Karl und Ingrid Neef ist ein wahres Paradies für Schleckermäuler: Ganz wunderbar sind die nach traditionellen Rezepten gebackenen Kuchen oder die eigenen Tortenkreationen. Insbesondere die riesigen Obstkuchen sind stadtbekannt.

Winklerstr. 29 | Bus: Hauptmarkt | Tel. 22 51 79 | www.confiserie-neef.de | Mo–Fr 8.30–18, Sa 8.30–17 Uhr

 27 W2 🚩 B 5

Neben der Fleischbrücke direkt an der Pegnitz versteht sich dieser Ableger des Kräuterladens Wurzelsepp vor allem auf leckere Teespezialitäten. Egal, ob Earl Grey, Grüner oder Weißer Tee – mehr als 100 verschiedene Sorten stehen auf der Karte! Aber nicht nur Teeliebhaber werden fündig: Abends geht dann der Cafébetrieb nahtlos in eine lockere Baratmosphäre über. Zum Essen werden selbst gemachte Kuchen und Macarons gereicht, aber auch Salate und leckere Tramezzini. Bei kalten Temperaturen sitzt man im Wintergarten, in den Sommermonaten auf der großen Terrasse über dem Fluss.

Plobenhofstr. 1 | Bus: Hauptmarkt | Tel. 99 28 24 00 | www.w2tea.com | Mo–Do 8–24, Fr, Sa 8–2, So 9–24 Uhr

28 Wanderer ▶ S. 28

EINKAUFEN

BLUMEN

29 Manuela Hiller 🚩 B 5

Hier findet man sehr kreative Blumensträuße und Dekogestecke.

Winklerstr. 24 | Bus: Hauptmarkt

KULINARISCHES

30 Bäckerei Düll ▶ S. 36

31 Feinkost Nikolaus Schwarz 🚩 B 5

Nur einen Steinwurf vom Hauptmarkt gibt es eine Auswahl von rund 30 Sorten fränkischen Landbrots, dazu ausgewählte Wurstspezialitäten.

Winklerstr. 10 | Bus: Hauptmarkt

32 Il Nuraghe 🚩 C 4

Italienische Feinkost in der Sebalder Altstadt. Im Sortiment sind eine Vielzahl an Bioprodukten.

Theresienplatz 7 | Bus: Egidienplatz | www.ilnuraghe.com

33 Wurzelsepp 🚩 B 5

Im Laden sind viele erlesene Teesorten, Kräuter und Gewürze erhältlich.

Hauptmarkt 1 | Bus: Hauptmarkt | www.wurzelsepp-nuernberg.de

MÄRKTE

34 Hauptmarkt ▶ S. 37

KULTUR UND UNTERHALTUNG

KINOS

35 Meisengeige ▶ S. 40

KONZERT

36 Jazz Studio Nürnberg ▶ S. 40

THEATER

37 Burgtheater ▶ S. 41
38 Theater Pfütze ▶ S. 41

LORENZER ALTSTADT

Das historische Zentrum südlich der Pegnitz wird Lorenzer Altstadt genannt. Sie ist mit ihren Kaufhäusern und der ausgedehnten Fußgängerzone die traditionelle Einkaufsmeile der Stadt und beherbergt auch das Germanische Nationalmuseum.

Im Gegensatz zur vornehmen Sebalder Altstadt war die später gegründete Lorenzer Altstadt schon immer der Stadtteil der einfachen Leute, hier lebten vor allem die Handwerker und Arbeiter. Der ovale Grundriss und die fast konzentrischen Straßenzüge zeugen noch von ihrer planmäßigen Gründung im 12. Jh., wobei sich die Karolinenstraße vor der imposanten Lorenzkirche zu einem kleinen Platz öffnet. Die Lorenzer Altstadt ist mit der nördlichen Schwester durch mehrere Brücken verbunden, darunter die bekannte Fleischbrücke, wobei später im Zuge der Zusammenführung beider Stadtteile mit der Insel Schütt und der Trödelmarktinsel auch zwei Pegnitzinseln von der Stadtmauer umschlossen wurden. Mit der Mauthalle und dem Weißen Turm gibt es zwei auffallende architektonische Zeugnisse aus der reichsstädtischen Zeit. Wer mit dem Zug anreist, für den ist die Lorenzer Altstadt das Eingangstor in das historische Nürnberg. Vom

◄ Fachwerkidylle mit dem Bratwurstglöcklein (▶ S. 78) im Handwerkerhof (▶ S. 72).

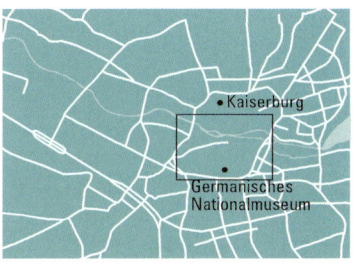

Hauptbahnhof gelangt man am
Frauentor und entlang der Königsstraße direkt in das Zentrum, das
durch eine ausgedehnte Fußgängerzone verkehrsberuhigt wurde.
Die Lorenzer Altstadt ist das ge-
schäftigere der beiden Altstadtviertel. In den zahlreichen Modegeschäften
und Boutiquen rund um die Karolinenstraße bleibt kein Wunsch unerfüllt.
Die Kaiserstraße gilt als die Nobelmeile der Stadt. Hier finden sich Boutiquen von Hermès, Lloyd und Louis Vuitton genauso wie René Lezard oder
Comptoir des Cotonniers, zudem haben sich hier auch Montblanc, Nes-
presso oder Bang & Olufsen mit eigenen Filialen niedergelassen. Am Ende
der Königstraße liegt die Museumsbrücke, die zum Hauptmarkt führt.

BEDEUTENDE MUSEEN

Aber auch Kulturinteressierte kommen in der Lorenzer Altstadt nicht zu
kurz: Nicht nur die beiden größten Kinokomplexe der Stadt sind hier zu
finden, sondern mit dem Germanischen Nationalmuseum und dem Neu-
en Museum auch zwei überregional bedeutende Sammlungen, in denen
man ohne weiteres mehrere Stunden verbringen kann. Während sich das
Neue Museum mit seiner spektakulären Glasfassade der modernen Kunst
verschrieben hat, lädt das Germanische Nationalmuseum zu einem illus-
tren Spaziergang durch die deutsche Kunst- und Kulturgeschichte ein.

SEHENSWERTES

1 Ehekarussellbrunnen   A 5
Direkt vor dem Weißen Turm steht dieser Brunnen, den der Bildhauer Jürgen
Weber von 1977 bis 1984 in Anlehnung
an das Gedicht »Das bittersüße eh'lich'
Leben« von Hans Sachs schuf. Der in
Marmor eingefasste größte europäische
Figurenbrunnen des 20. Jh. thematisiert Lust und Leid einer Partnerschaft.
In Form eines Karussells werden zusammen mit allerlei Getier sechs verschiedene Phasen der Ehe dargestellt –
von der ersten leidenschaftlichen Liebe
über den Ehestreit bis zum Tod. Die
drallen und üppigen Figuren strahlen
viel Sinnlichkeit aus, und vor allem die
Schattenseiten einer Beziehung werden
sehr drastisch überzeichnet. Der Meis-
terdichter Hans Sachs thront in tänze-
rischer Pose vor dem kunstvollen Ensemble. Vor allem Kinder begeistert der
skurrile Figurenschmuck.
U-Bahn: Weißer Turm

2 Fleischbrücke 📗 B 5

Die Fleischbrücke ist der älteste unverändert erhaltene Brückenbau der Stadt. Sie ist eine der beiden Hauptverbindungen zwischen der Lorenzer Altstadt und dem Hauptmarkt. Um einem drohenden Hochwasser möglichst wenig Widerstand zu bieten, spannt sich die Brücke seit dem Jahr 1598 an der schmalsten Stelle der Pegnitz in einem einzigen Bogen über das Wasser. Aufgrund ihres flachen, 27 m langen Bogens gilt die Fleischbrücke als technische Meisterleistung der Renaissance.

Der ungewöhnliche Brückenname erinnert noch an das einstige reichsstädtische **Fleischhaus** (Schlachthaus), das hier direkt an der Pegnitz sein Zuhause hatte, da man blutige Fleischabfälle auf diese Weise einfach entsorgen konnte. Sehenswert ist auch das reich verzierte **Ochsenportal** mit der lateinischen Inschrift »Omnia habent ortus suaque in crementa sed ecce quem cernis nunquam bos fuit hic Vitulus« (»Alle Dinge haben einen Anfang und ein Wachstum, aber siehe: Niemals ist der Ochse, den du hier siehst, ein Kalb gewesen«). U-Bahn: Lorenzkirche

3 Handwerkerhof 📗 C 6

Anlässlich des Dürerjahrs 1971 gestaltete man den einstigen Waffenhof beim Königstor in einen mittelalterlichen Budenmarkt um. Dazu wurden kleine Häuschen im typischen Fachwerkstil errichtet. Neben einem Goldschmied gibt es noch einen Glasmaler und einen Zinngießer sowie weitere Handwerksbetriebe wie eine Töpferei. Für das leibliche Wohl sorgen eine Lebküchnerei sowie eine Weinstube und das **Bratwurstglöcklein** (▶ S. 78).

🕐 Besonders viele Aktionen finden während des Christkindlesmarktes im Handwerkerhof statt.

Königstor | U-Bahn: Hauptbahnhof | www.handwerkerhof.de | Mo–Sa 9–22, die Geschäfte 10–18.30, Gastronomie bis 22 Uhr

4 Kettensteg 📗 A 5

Wie kaum eine andere Stadt wurde Nürnberg zu einer wichtigen Keimzelle der Industrialisierung Deutschlands.

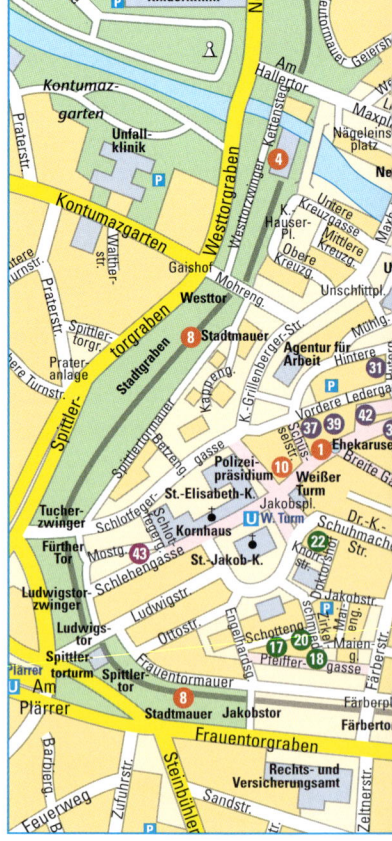

Jahre vor der historischen Fahrt der ersten Eisenbahn errichtete der Mechaniker Johann Georg Kuppler 1824 mit dem Kettensteg als Ersatz für einen hölzernen Trockensteg die **erste frei schwebende Brücke** Deutschlands als Fußgängerbrücke am Altstadtausfluss der Pegnitz. Aus Sicherheitsgründen wurde das Bauwerk allerdings 1930 durch seitliche Eisenträger versteift und mit Holzpfeilern abgestützt.

Straßenbahn: Hallertor

 **Lorenzkirche**   C 5

Die Lorenzkirche zählt fraglos zu den schönsten und größten gotischen Kirchen in Süddeutschland. Mehr noch als die im Krieg stark beschädigte Sebalduskirche vermittelt die Lorenzkirche eine Vorstellung von ihrer mittelalterlichen Wirkung. Da Nürnberg nach der Reformation keinen Bildersturm erlebt hatte, sind viele Altäre und Kunstwerke erhalten geblieben. Eindrucksvoll ist insbesondere die steinerne **Rosette** an der Westfassade. Zu den herausragendsten Kunstwerken im Inneren des Gotteshauses gehören das 18 m hohe Sakramentshäuschen von Adam Kraft sowie der »Engelsgruß«, den der Bildschnitzer Veit Stoß kurz vor der Reformation aus Lindenholz geschaffen hat. Die Lorenzkirche ist eine Art Pendant zur Sebalduskirche (▶ S. 64). Mit einem Abstand von zwei, drei Generationen orientierte man sich an der älteren Sebalduskirche. Man ahmte die Doppelturmfassade genauso wie den hoch gebuckelten Chor nach, um das Vorbild beim Fassadenbau noch zu übertreffen. Während die Sebalduskirche einen kleinen Westchor hat, protzt die Lorenzkirche mit einer reich ornamentierten Westfassade, deren optischer Fixpunkt die an ein rotierendes Rad erinnernde Rosette ist.

Die Kirche ging aus einer bescheidenen Kapelle der südlichen Altstadt hervor, die aber für den wachsenden Stadtteil zu klein wurde. In der zweiten Hälfte des 13. Jh. entschloss man sich zu einem Neubau. Das düstere Langhaus mit seinen Spitzbogenarkaden und dem Kreuzrippengewölbe hatte sich noch nicht völlig von den spätromanischen Bautraditionen gelöst. Doch das reiche Bürgertum strebte nach einem repräsentativeren Gotteshaus, und so wurden erst die Außenwände der Seitenschiffe verschoben, um Platz für Privatkapellen zu schaffen, dann erfolgte der Bau der Schaufassade, deren Doppeltürme das Westportal sowie die mehr als 10 m breite Rosette einrahmen. Die unbekannten Baumeister orientierten sich wohl an den nordfranzösischen Kathedralen, da es für so einen Bau in Franken keine Vorbilder gab.

Der Anblick ist vor allem beeindruckend, wenn man sich dem Gotteshaus von der Karolinenstraße her nähert, schließlich war die Westfassade als Schlusspunkt dieser Straßenflucht entworfen worden, der durch ein langsames Zurückweichen der Häuserfronten noch gesteigert wurde.

Die Fertigstellung der beiden mehr als 80 m hohen Türme dürfte um 1400 erfolgt sein. In der Mitte des 15. Jh. wurde schließlich der alte Chor abgebrochen und durch einen lichtdurchfluteten spätgotischen Hallenchor ersetzt, dessen Raumwirkung durch die reich verzierten Glasfenster und ein verzweigtes Steinrippennetz unterstrichen wird.

Inmitten des Chorraums scheint der **Engelsgruß** frei im Raum zu schweben. Das 1517/1518 von Veit Stoß aus Lindenholz geschnitzte Werk zeigt Maria und den Erzengel Gabriel im Moment der Verkündigung. Umrahmt sind die überlebensgroßen Figuren von einem ovalen Kranz aus 50 vergoldeten Rosen. Das vom Patrizier Anton Tucher gestiftete Kunstwerk ist ein Beispiel für die Marienverehrung, die in den Jahren vor der Reformation auch in Nürnberg großen Zuspruch gefunden hatte.

Das zweite Meisterwerk, das es in der Lorenzkirche zu bewundern gilt, ist das **Sakramentshäuschen** von Adam Kraft.

Ein Picknick auf der Insel in der Pegnitz

Im Sommer eignet sich die kleine Grünfläche auf der Ostspitze der Trödelmarktinsel hervorragend für eine kleine Picknickpause oder auch ein kurzes Sonnenbad (▶ S. 14).

Die Lorenzkirche (▶ MERIAN TopTen, S. 73) birgt eine Vielzahl von Kunstwerken. Im Chor hängt etwa der »Engelsgruß« von der Decke, 1517/1518 von Veit Stoß aus Lindenholz gefertigt.

Es wird zu Recht als eine der faszinierendsten Schöpfungen der spätmittelalterlichen Steinmetzkunst gerühmt. Von einer filigranen Brüstung eingefasst, schraubt sich das Sakramentshäuschen mehr als 18 m in die Höhe, wobei sich die Spitze dem Gewölbe anschmiegend nach vorne neigt. Zu Füßen des Sakramentshäuschens kniet der bärtige Meister mit Meißel und Knüppel, flankiert von zwei Gesellen. Ein ganz besonderes Highlight ist eine Turmführung, für die man sich schon vorab eine Karte besorgen sollte, da die Teilnehmerzahl begrenzt ist.

U-Bahn: Lorenzkirche | www.lorenz kirche.de | Mo–Sa 9–17, So 13–16 Uhr, Turmführungen Mai–Okt. Sa 14 Uhr (Teilnahmegebühr 3 €, erm. 1,50 €)

⑤ Marthakirche   C 6

Die Kirche im Südosten der Altstadt ist von der Straße ein Stück zurückversetzt und wird von einer Häuserzeile verdeckt, sodass man sie leicht übersehen kann. Ursprünglich gehörte der 1385 der hl. Martha geweihte Bau zu einem 1363 gestifteten gleichnamigen Pilgerspital. Ein besonderes kunsthistorisches Kleinod sind die original er-

Das Nassauer Haus (▶ S. 77) an der Karolinenstraße ist der letzte noch existierende Wohnturm Nürnbergs. Solche Repräsentationsbauten der Patrizier prägten einst das Bild der Stadt.

haltenen gotischen **Glasfenster**. Sie stammen aus dem späten 14. Jh. und sind die ältesten Nürnbergs. Als ikonografisch besonders wertvoll gilt die Darstellung des Jüngsten Gerichts.

Königstr. 75 | U-Bahn: Hauptbahnhof | www.stmartha.de | Mo 10–14, Do 10–16, Sa 11–13 Uhr

6 Mauthalle   ▶ C 6

Die Mauthalle gehört zu den großen **Kornhäusern**, die nicht nur die Versorgung der Bevölkerung im Fall einer

Belagerung oder bei Ernteausfällen sicherten, sondern gleichzeitig die städtebauliche Einheit des Nürnberger Stadtbildes bis hinauf zur Burg unterstrichen. Die mächtigen Kornhäuser mit den mehrstöckigen Dachstühlen und großräumigen Schüttböden symbolisierten den Reichtum Nürnbergs und sind mit ihrem Monumentalcharakter mit den heutigen Frankfurter Bankhochhäusern vergleichbar.

Wie viele andere Bauten aus jener Zeit ist auch die Mauthalle von 1498 bis 1502 während der Amtszeit des Nürnberger Stadtbaumeisters Hans Beheim d. Ä. auf einem zugeschütteten Wallgraben errichtet worden. Mit einer Länge von 84 m und einer Höhe von 29 m war die Mauthalle seinerzeit einer der größten Profanbauten in Deutschland. Trotz seiner Ausmaße ist das Kornhaus ein filigranes Gebäude, das von den architektonischen Fähigkeiten

Panoramablick vom Parkhaus Adlerstraße

Zur Stadtbesichtigung ins Parkhaus? Nein, nicht ins, sondern auf das Dach im siebten Stock des Parkhauses muss man gehen, will man den besten Burgblick haben (▶ S. 14).

des berühmtesten Nürnberger Stadtbaumeisters zeugt. Der Name »Mauthalle« geht auf das reichsstädtische
Zoll- und Waagamt zurück, das hier ab
1572 untergebracht war. Durch Laden-
einbauten wurde das Erdgeschoss Ende
des 19. Jh. umgestaltet.

Hallplatz | U-Bahn: Lorenzkirche

7 Nassauer Haus B 5

Das schräg gegenüber der Lorenzkirche befindliche Nassauer Haus ist das
einzige erhaltene Beispiel eines **mittelalterlichen Wohnturms** in Nürnberg.
Diese auch als Geschlechtertürme bezeichneten Bauten waren trotz ihres
wehrhaften Charakters vor allem ein
Statussymbol mächtiger Patrizierfamilien. Das Nassauer Haus war ursprünglich ein romanischer Bau, doch wurde
der Wohnturm im Spätmittelalter im
gotischen Stil umgebaut. Die Oberge-
schosse wie das Chörlein stammen aus
der Mitte des 15. Jh. Damals wurde
auch das wappenverzierte Dachgeschoss
mit den Ecktürmchen und seiner um-
laufenden Galerie errichtet. Die oberen
Stockwerke sind nicht zugänglich, im
Erdgeschoss befindet sich ein Geschäft,
während das Kellergewölbe eine zünf-
tige Gaststätte beherbergt.

Karolinenstr. 2 | U-Bahn: Lorenzkirche

8 Stadtmauer

Das größte Nürnberger Denkmal wird
häufig gar nicht als solches wahrgenommen: Die gesamte Altstadt wird
von einem mächtigen Befestigungsring
umschlossen, der nur an wenigen Stellen aufgebrochen wurde. Von dem ursprünglich 5 km langen Wall, der ehe-
mals von rund 120 Turmbauten bekrönt
war, sind noch 3,8 km erhalten. Keine

Wollen Sie's wagen?

*Die Dauerausstellung in der einsti-
gen Dienstwohnung des Nürnberger
Henkers ist ein Stück lebendige Kri-
minalgeschichte. Die Methoden wie
zum Tode verurteilte Delinquenten
in früherer Zeit hingerichtet wurden,
sind nichts für zarte Seelen, aber ein
authentisches Stück Alltagsgeschichte.*
Henkerhaus | Trödelmarkt 58 | Stra-
ßenbahn: Haller Tor | www.henker
haus-nuernberg.de | April–Sept. Sa,
So 14–18 Uhr | Eintritt 2 €, erm. 1 €

andere europäische Stadt dieser Grö-
ßenordnung kann noch einen solchen
Mauerring aufbieten, da diese meist,
wie etwa in Wien und Paris im 19. Jh.,
dem wachsenden Verkehr geopfert und
durch breite Boulevards ersetzt wurden.
Die Nürnberger Stadtmauer entstand
in einer mehr als 100-jährigen Bauzeit
1350 bis 1452, wobei die Bürger zum
Schanzdienst verpflichtet wurden (die
reiche Oberschicht konnte sich selbstverständlich von den Arbeiten frei-
kaufen). Im Lauf der Nürnberger Geschichte gab es mehrere Stadtmauern,
die dann aber durch das stetige Bevöl-
kerungswachstum erweitert werden
mussten. Von der vorletzten Stadtumwallung zeugen heute nur noch der
Laufer Schlagturm, der **Weiße Turm**
sowie der **Schuldturm** und der pitto-
reske Abschnitt am Henkersteg.
Besonders markant sind die vier runden Tortürme, wie der **Königstorturm**
am Hauptbahnhof oder das **Laufer Tor**
am Rathenauplatz, die den Zugang zur
Stadt absicherten. Die Türme waren

In den Nachtstunden am Neuen Museum

Sobald es dunkel wird, leuchtet die gläserne Fassade des Baus und lässt das Museum mit seinen großformatigen Kunstwerken in einem fantastischen Licht erstrahlen (▶ S. 14).

ursprünglich quadratisch, doch wurden sie Mitte des 16. Jh. ummantelt, damit sie auch einem Artillerieangriff besser standhalten konnten. Nur teilweise erhalten ist der bis zu 20 m breite und 12 m tiefe **Graben**, der der Mauer vorgelagert und durch weitere Fortifikationen geschützt war.

9 Straße der Menschenrechte B 6

Direkt vor dem Eingang des 1993 eröffneten postmodernen Erweiterungsbaus des Germanischen Nationalmuseums verläuft die von dem israelitischen Bildhauer Dani Karavan konzipierte »Straße der Menschenrechte«. Auf jedem der 27 weißen Betonpfeiler ist jeweils in einer anderen Sprache ein Artikel der Menschenrechtscharta eingemeißelt, die 1945 von den Vereinten Nationen verabschiedet worden war.
U-Bahn: Weißer Turm

10 Weißer Turm A 5

Einsam wie ein Solitär steht der Weiße Turm am Rand der Fußgängerzone. Er gehörte einst zur vorletzten Stadtbefestigung. An den Seiten kann man im Mauerwerk noch die Stellen erkennen, an denen sich damals die Stadtmauer anschloss. Die vorgelagerte Barbakane mit den beiden Rundtürmen, die das Stadttor zusätzlich schützen sollte, ist

allerdings eine Rekonstruktion aus dem Jahr 1977. Wer sich wundert, warum der Turm nicht weiß ist, dem sei gesagt, dass der Name auf einen längst verwitterten Kalkanstrich zurückgeht.
U-Bahn: Weißer Turm

MUSEEN UND GALERIEN

7 Germanisches Nationalmuseum ▶ S. 107

11 Kunsthalle ▶ S. 109

12 Museum 22/20/18 Kühnertsgasse ▶ S. 109

9 Neues Museum (Staatliches Museum für Kunst und Design) ▶ S. 110

ESSEN UND TRINKEN

RESTAURANTS

13 Aumers La Vie ▶ S. 28

14 Bratwurstglöcklein C 6

Bratwurstparadies – 1313 urkundlich erstmals erwähnt, gilt dieses Lokal als älteste Bratwurstküche Nürnbergs. Das einstige Gasthaus wurde zerstört, doch lebt der Name in dieser Gaststätte im Handwerkerhof weiter. Natürlich gibt es auch Saure Zipfel im Weinsud.
Waffenhof 5 | U-Bahn: Hauptbahnhof | Tel. 227625 | http://die-nuernberger-bratwurst.de | tgl. 10–22 Uhr, Jan.–Mitte März geschl. | €

15 Goldener Pudel B 6

Coole Steaks – Dies ist das derzeit angesagteste Steak-Restaurant in der Stadt. »The place to be«, um sich in einer hippen Atmosphäre an diversen Steak-Variationen zu erfreuen. Wer will, ordert ein 1200 g schweres Porterhouse-Steak, wobei man durch Glasscheiben auch einen Blick in die Küche werfen kann.

Absolut empfehlenswert ist der Lachs-Thunfisch-Tartar mit pochiertem Ei. Anschließend wechselt man an die durchgestylte Bar für einen Cocktail.

Grasersgasse 15 | U-Bahn: Hauptbahnhof | Tel. 24 27 86 50 | www.goldener pudel.com | Di–Sa 1.30–14 und 17 Uhr bis spät | €€€

16 Hans im Glück

Burgerglück – Ein Lokal mit urbanem Flair und Birkenwald-Ambiente. Serviert werden keineswegs Billigburger – die gibt es schräg gegenüber –, sondern solche für Feinschmecker in zahllosen Variationen. Besonders lecker: der mit Ziegenkäse und Feigensoße verfeinerte »Geißbock-Burger« oder der »Heimweh-Burger« mit Gorgonzola und getrockneten Tomaten. Und selbst fantasievolle vegetarische Burger sind im Angebot. Dazu werden selbst gemachte Fritten und leckere Soßen gereicht. Je

später der Abend, desto mehr herrscht eine Kneipenatmosphäre vor. Und es gibt eine schöne große Straßenterrasse!

Königstr. 72 | U-Bahn: Hauptbahnhof | Tel. 99 28 36 61 | http://hansimglueck-burgergrill.de | tgl. 12–1 Uhr | €€

17 Ishihara

Weit mehr als Sushi – Gehobene japanische Küche jenseits von Sushi und Co. Die Köstlichkeiten werden direkt vor den Gästen an den Teppanyaki-Tischen auf einer heißen Stahlplatte zubereitet. Fleisch und Zutaten überzeugen durch ihre erlesene Qualität.

Schottengasse 3 | U-Bahn: Weißer Turm | Tel. 22 63 95 | www.ishihara.de | Mo–Sa 12–14.30, 18–22 Uhr | €€€

18 Minneci

Nobelitaliener – Keine Pizzeria, sondern die wohl inovativste italienische Küche, die man in Nürnberg finden

Ein Besuch im japanischen Restaurant Ishihara (▶ S. 79) ist ein Erlebnis für sich. Direkt vor den Augen der Gäste werden auf einer heißen Stahlplatte erstklassige Teppanyaki zubereitet.

Traditionelle fränkische Küche in der Gaststube oder auf der Terrasse des Weinhauses Steichele (▶ S. 81). Und alle angebotenen Weine kann man auch im 1/8-Glas ausprobieren.

kann. In einem historischen Sandsteingebäude (Plätze auch im Untergeschoss) bietet der Familienbetrieb in herrlichem Ambiente einen Streifzug durch die italienische Kochkunst. Wechselnde Karte mit starker saisonaler Ausrichtung.

Zirkelschmiedsgasse 28 | U-Bahn: Opernhaus | Tel. 20 96 55 | www. minneci-ristorante.de | Di–Sa 12–14, 18–23.30 Uhr | €€€

🟢 19 Pillhofer　　　　　　📖 C 6

Schäufele & Co. – Das traditionsreiche Gasthof am Eingang zur Altstadt versteht sich auf die Kunst, ein leckeres Schäufele mit herrlicher Kruste zuzubereiten. Ebenso zu empfehlen sind der Sauerbraten oder die leckere Zwiebelfleischpfanne. Große Straßenterrasse, umsichtiger Service.

Königstr. 78 | U-Bahn: Hauptbahnhof | Tel. 21 45 60 | www.pillhofer.net | So–Do 8–24, Fr, Sa 8–1 Uhr | €

🟢 20 Restauration Fischer　　　📖 A 6

Gourmetküche – In einem denkmalgeschützten kleinen Fachwerkhaus wird eine ansprechende moderne Küche geboten. Jenseits von Bratwürsten und Schäufele kann sich der Gast hier an einem Rinderfilet mit Pfifferlingen oder Steinbutt auf Artischockenherzen erfreuen. Drei aufeinander abgestimmte Menüs stehen zur Auswahl. Ausgezeichnete Weinkarte mit edlen Tropfen.

Schottengasse 1 | U-Bahn: Weißer Turm | Tel. 9898870 | Di–So 18–24 Uhr | €€€

㉑ Sushi Glas　　　　　　 B 6

Bestes Sushi der Stadt – Egal, ob »Nigiri«, »Hoso Maki« oder »Sashimi« – für Sushi-Liebhaber ist dieses Lokal das Nonplusultra. Es präsentiert sich angenehm puristisch, die offene Küche steht mitten im Gastraum, und unter die Gäste mischt sich viel Szenepublikum. Mit großer Straßenterrasse.

Kornmarkt 5–7 | U-Bahn: Opernhaus | Tel. 2059901 | www.sushi-glas.de | Mo–Mi 12–23, Do–Sa 12–24, So 18–22 Uhr | €€

㉒ Weinhaus Steichele　　　 A 6

Traditionsgasthaus – Diese Gaststätte ist eine Institution und wird bereits in der fünften Generation von der Familie Steichele geführt. Im Speisesaal werden fränkische Klassiker mit saisonalen Variationen serviert. Das Weinhaus strahlt eine gewisse Patina aus, das Weinangebot ist aber eher mittelprächtig.

Knorrstr. 2–8 | U-Bahn: Weißer Turm | Tel. 202280 | www.steichele.de | Mo–Sa 11–24, So 11–15 Uhr | €€

CAFÉS

㉓ Herrlich kreuz & quer 🚩　 C 5

Versteckt in einer kleinen Gasse gefällt dieses winzige Café im teilweise bunten Retrodesign. Die Einrichtung ist stilvoll-einfach – man kann manche Stücke gleich vor Ort erwerben. Durch die

Wollen Sie's wagen ?

Wie wäre es mit einer Segway-Tour durch Nürnberg? Nach einem kurzen Einrollen, um sich an das ungewöhnliche einachsige Gefährt zu gewöhnen, erkundet man auf der 90-minütigen Tour die Altstadt. Eine tolle Verbindung von Spaß und Information – keine Sorge, mit einem Segway zu fahren ist nicht sehr schwer.

Kosten 50 € | Tel. 0911/933250 | www.segtour-nuernberg.de

Räumlichkeiten schwebt nicht nur ein herrlicher Caféduft, auch die Kuchenauswahl gefällt, außerdem gibt es »Salate im Einweckglas«, wechselnde Suppen sowie leckere Brotaufstriche. Eine bunte Mischung und ein schöner Ort, um sich durch den Tag zu träumen.

Nonnengasse 12–14 | U-Bahn: Lorenzkirche | Tel. 3785170 | Mo–Sa 10–20 Uhr

EINKAUFEN
BÜCHER

㉔ Antiquariat Deuerlein　　 C 5

Im Antiquariat von Tom Deuerlein kann man nicht nur nach alten Büchern stöbern, sondern auch einen perfekten Espresso genießen.

Lorenzer Str. 33 | Straßenbahn: Marientor | www.deuerlein.com

㉕ Campe (Thalia)　　　　 B 5

Der größte Nürnberger Buchtempel. Auf vier Etagen verteilt, wird ein breites Sortiment präsentiert, zudem gibt es einladende Leseecken und ein Café.

Karolinenstr. 13 | U-Bahn: Weißer Turm | www.thalia.de

26 Emil Jakob 🛍 B 5

Traditionsreiche Buchhandlung mit hervorragendem Sortiment.
Hefnersplatz 8 | U-Bahn: Weißer Turm

27 Rupprecht 🛍 B 5

Buchhandelsfilialist im City-Point.
Breite Gasse 5 | U-Bahn: Lorenzkirche | www.rupprecht.de

28 Ultra Comix 🛍 B 6

Der ultimative Comic-Laden auf drei Etagen. Egal, ob deutsch oder international: Hier fehlt kein Comic-Held.
Vordere Sterngasse 2 | U-Bahn: Hauptbahnhof | www.ultra-comix.de

29 Walther König 🛍 C 6

Die Buchhandlung im Neuen Museum hat sich auf Kunst, Architektur und Fotografie spezialisiert.
Luitpoldstr. 5 | U-Bahn: Hauptbahnhof | www.buchhandlung-walther-koenig.de

KULINARISCHES

30 Brezen Kolb ▶ S. 36

31 Chocolat 🛍 B 5

Schokoladenträume in vielerlei Variationen von ausgesuchten Herstellern (Zotter, Domori etc.). Im Ausschank: diverse Trinkschokoladen.
Josephplatz 26/28 (Eingang Hutergasse) | U-Bahn: Weißer Turm | www.chocolat nuernberg.de

32 Perfetto 🛍 B 5

Die Lebensmittelabteilung im Karstadt-Untergeschoss ist kulinarisch das Maß aller Dinge: riesiges Angebot, perfekte Qualität. Direktverzehr an der Austern- bzw. Asia-Bar oder am Steak-Point.
Königstr. 14 | U-Bahn: Lorenzkirche

KAUFHÄUSER

33 Galeria Kaufhof 🛍 C 5

Rund 180 Markenshops auf fünf Etagen mit Lounges für die Shoppingpause.
Königstr. 42–52 | U-Bahn: Lorenzkirche

34 Karstadt 🛍 B 5

Das größte Warenhaus der Stadt bietet auf sechs Etagen ein breites Angebot an Mode, Sport, Haushaltswaren und Lebensmitteln bis hin zu Elektrotechnik.
Königstr. 14 | U-Bahn: Lorenzkirche

MODE

35 Breuninger 🛍 B 5

Großes Modekaufhaus mit erstklassigem Sortiment, von sportlich bis edel.
Karolinenstr. 34 | U-Bahn: Lorenzkirche | www.breuninger.com

36 Crämer & Co 🛍 B 5

Ein Jeans-Paradies, verteilt auf vier Stockwerke, auch mit Nobelmarken.
Breite Gasse 18 | U-Bahn: Lorenzkirche

37 U1 Concept Store 🛍 A 5

Im Untergeschoss des Wöhrl befindet sich dieser hypermoderne Store mit Trendmode, Schuhen und diversen Accessoires. Mit Live-DJs und Sushibar wird das Shoppen zum Erlebnis.
Ludwigsplatz 12–24 | U-Bahn: Weißer Turm | www.u1-fashion.de

38 Urban outfitters 🛍 A 5

In einer Mischung zwischen Industrial Design und Loungeatmosphäre haben auch Jungs und Männer eine tolle Auswahl bekannter Kultlabels. Marken wie Farah Vintage, Renewal, V & B, Won Hundred sowie Evil Twin sind auf drei Stockwerken mit Kleidung, Schuhen und diversen Accessoires präsent.

Ludwigsplatz 1 | U-Bahn: Weißer Turm | www.urbanoutfitters.com

39 Wöhrl A 5

Das Stammhaus der Modekette, getrennt nach Männer- und Damenhaus. Große Sportabteilung.
Ludwigsplatz 12–24 | U-Bahn: Weißer Turm | www.woehrl.de

SCHMUCK

40 Monsun B 5

Silbernes Geschmeide nicht nur aus Asien in großer Auswahl.
Trödelmarkt 34 | U-Bahn: Weißer Turm

SECONDHAND

41 Oxfam B 6

Der Erlös dieses Verbunds verschiedener Hilfs- und Entwicklungsorganisationen kommt durch den Verkauf der Secondartikel (Kleidung, Bücher, Spielzeug etc.) einem guten Zweck zugute.

Dr.-Kurt-Schumacher-Str. 16 | U-Bahn: Weißer Turm | www.oxfam.de | Mo–Fr 10–19, Sa 10–15 Uhr

SPORTARTIKEL

42 SportScheck A 5

Das bekannte Sporthaus betreibt auch in Nürnberg eine Filiale. Auf sechs Etagen werden Sportfans jeglicher Couleur rundum glücklich.
Ludwigsplatz 4–10 | U-Bahn: Weißer Turm | www.sportscheck.com

KULTUR UND UNTERHALTUNG

CLUBS, DISKOTHEKEN UND BARS
43 Bäckerhof ▶ S. 39
44 Club Stereo ▶ S. 39
45 Mach 1 ▶ S. 39
46 Zwingerbar ▶ S. 40

KINOS
47 CINECITTÀ ▶ S. 40
48 Filmhauskino ▶ S. 40

In der »SchokoBoutique« Chocolat (▶ S. 82) steht die süße Verführung im Mittelpunkt: Das Sortiment reicht von handgeschöpften Schokoladen bis hin zu Chili- und Pfefferpralinen.

Im Fokus
Albrecht Dürer

*Noch immer leuchtet der Stern des Nürnberger Malergenies
am deutschen Kunsthimmel. Sein Monogramm wurde zum
Markenzeichen. Nürnberg ist Dürer – dieses Gleichnis gilt
als Grundstein für Tourismus und Kultur.*

Wer die »Albrecht-Dürer-Stadt« Nürnberg bereist, kann sich der Allge-
genwart des großen Meisters kaum entziehen. Es gibt hier nicht nur eine
»Albrecht-Dürer-Straße« und einen »Albrecht-Dürer-Platz«, ein »Dürer-
Gymnasium« und den »Opernball Albrecht Dürer«, es gibt Dürer-Puzz-
les und Dürer-Tassen. Und bei besonderen Anlässen wurde schon der
gesamte Hauptmarkt mit 7000 Plastikhasen in ein »Großes Hasenstück«
verwandelt. Albrecht Dürer ist geradezu omnipräsent. Die Verantwortli-
chen der Stadt lassen keine Gelegenheit aus, um mit ihm die Werbetrom-
mel zu rühren, und man kann fast schon darauf wetten, dass in naher
Zukunft der Flughafen in »Albrecht-Dürer-Airport« umbenannt wird.
Doch keine Frage: Der am 21. Mai 1471 als Sohn eines aus Ungarn stam-
menden Goldschmieds geborene Dürer hat sich diese Ehre redlich verdient! Er ist weltweit der bekannteste deutsche Künstler, und nicht nur
seine »Betenden Hände« gibt es in millionenfacher Reproduktion.

◀ Das Albrecht-Dürer-Haus (▶ S. 105) am
Tiergärtnertorplatz ist heute ein Museum.

Albrecht Dürers außergewöhnliches Talent offenbarte sich schon in seiner Kindheit: Das älteste von ihm erhaltene Selbstporträt hat der 13-Jährige mit Silberstift auf weiß grundiertem Papier angefertigt. Der Vater hätte ihn gerne als Nachfolger in seiner renommierten Goldschmiedewerkstatt gesehen und bildete ihn persönlich aus, doch erkannte er die einzigartige Begabung seines Sohnes und ließ ihn wohl schweren Herzens in die Werkstatt des Malers Michael Wolgemut wechseln. Nach seiner Ausbildung ging Dürer 1490 als Geselle auf Wanderschaft und reiste an den Oberrhein und ins Elsass, vielleicht führte ihn sein Weg auch bis in die Niederlande. Dürer kehrte erst Pfingsten 1494 in seine Heimatstadt zurück, blieb aber nur wenige Monate, bevor er nach seiner Hochzeit mit Agnes Frey wieder alleine aufbrach, um seine Studien in Italien fortzusetzen. Obwohl er sich 1497 als Maler selbstständig machte, wohnte er noch lange mit seiner Frau im elterlichen Hause in der Burgstraße. In dieser Zeit entstanden nicht nur viele seiner berühmten Holzschnitte und Kupferstiche, sondern auch das berühmte Selbstbildnis mit Landschaft, das im Prado in Madrid zu bewundern ist.

JAHRE DES RUHMS

Albrecht Dürers Nürnberger Werkstatt besaß einen ausgezeichneten Ruf, zu seinen Mitarbeitern gehörten mit Hans Schäufelein, Hans von Kulmbach und Hans Baldung drei Künstler, die später selbst zu den renommiertesten deutschen Meistern ihrer Zeit gehören sollten. Trotz vieler Aufträge unternahm er von 1505 bis 1507 eine zweite Italienreise, die ihn nach Venedig führte, wo seinerzeit Tizian, Giorgione und Giovanni Bellini tätig waren. Dürers Kunstfertigkeit musste sich inzwischen herumgesprochen haben, denn der Rat von Venedig bot ihm ein Jahresgehalt von 200 Dukaten an, wenn er in der Lagunenstadt bleiben und arbeiten würde. Doch Dürer lehnte ab und kehrte nach Nürnberg zurück.

Sein Renommee wuchs, er engagierte sogar Mitarbeiter, um große Altaraufträge erledigen zu können. Zu seinen Gönnern und Auftraggebern gehörten nicht nur reiche Kaufleute und Adelige wie Jakob Fugger, sondern auch Kaiser Maximilian I., der sich von Albrecht Dürer porträtieren ließ. Neben Gemälden fertigte der Künstler mehrere Kupferstiche wie »Ritter, Tod und Teufel« oder »Melancholia I« an, zudem schuf er die berühmte Kohlezeichnung seiner bereits vom Tod gezeichneten Mutter.

Eine zwölfmonatige, im Juli 1520 angetretene Reise in die Niederlande gestalte sich als wahrer Triumphzug. Er wurde von Fürsten und Wissenschaftlern wie Erasmus von Rotterdam hofiert, der Stadtrat von Antwerpen versuchte ihn zum Bleiben zu bewegen und stellte ihm ein üppiges Jahresgehalt und Steuerfreiheit in Aussicht. Doch Dürer hielt seiner Heimatstadt die Treue, obwohl er sich dort nicht richtig gewürdigt fand. Neben den Entwürfen zur Ausmalung des Rathaussaals widmete er sich verstärkt der Kunsttheorie, insbesondere der Proportionslehre.

AUF DEN SPUREN DES MEISTERS

Es ist nicht schwer, sich in Nürnberg auf Spurensuche zu begeben. Albrecht Dürer wuchs in der Sebalder Altstadt auf, sein im Krieg zerstörtes Geburtshaus stand direkt unterhalb der Burg in der Burgstraße 27, an der Ecke zur heutigen Oberen Schmiedgasse. Bereits einen Tag nach seiner Geburt wurde der kleine Albrecht in der Sebalduskirche getauft. Zu seinem Lehrmeister Michael Wolgemut war es nur ein Katzensprung, denn dessen Werkstatt befand sich ebenfalls in der Burgstraße – auf Nr. 21. Dessen Nachbar war wiederum der Kaufmann Sebald Schreyer, der die »Schedelsche Weltchronik« mitfinanzierte, an deren Entwurfsarbeiten wahrscheinlich auch Dürer beteiligt war. Und seine spätere Frau, die fünf Jahre jüngere Agnes Frey, dürfte Albrecht wohl schon als Kind gekannt haben, da die Tochter eines Messingschmieds gleich um die Ecke in der Oberen Krämergasse 10 aufgewachsen war.

Dürer, der es im Lauf seines Lebens zu einem recht beachtlichen Vermögen brachte, blieb seiner Heimatstadt treu: Er führte keine weltabgewandte Künstlerexistenz, sondern verkehrte mit städtischen Honoratioren wie auch Fürsten. Im Alter von 38 Jahren erwarb er ein mächtiges Wohnhaus am Tiergärtnertorplatz (▶ S. 118), das von seinem Standesbewusstsein zeugt. In die das Erdgeschoss einnehmende Halle konnte man gar mit einem Gespann hineinfahren. 1509, im gleichen Jahr, in dem er das heute als Dürer-Museum fungierende Anwesen erstand, wurde Dürer Genannter des Größeren Rats. Damit ging eine gesellschaftliche Aufwertung einher und die Möglichkeit zur politischen Einflussnahme. Nichtsdestotrotz beklagte sich Dürer, in Italien als Herr und daheim als »Schmarotzer« behandelt zu werden. Schräg gegenüber vom Albrecht-Dürer-Haus steht die Bronzeskulptur »Der Hase«. Der Bildhauer Jürgen Goertz verstand seinen überdimensionalen Hasen, der eher einem Ungeheuer ähnelt, als Antwort auf die erdrückende Vorbildfunktion des berühmten Dürer-Kunstwerks. Weit traditioneller ist das Albrecht-Dürer-Denkmal (▶ S. 55)

auf dem einstigen Milchmarkt. Es wurde 1828 anlässlich seines 300. To-
destags nach einem Entwurf von Christian Daniel Rauch durch Jacob
Daniel Burgschmiet gegossen und gilt als das erste öffentliche Künstler-
denkmal in Deutschland – bis dahin waren öffentliche Monumente nur
Herrschern vorbehalten. Vorbei an der Sebalduskirche (▶ S. 64), wo Dürer wahrscheinlich geheiratet hat, geht es zum Rathaus (▶ S. 62), dessen
prunkvoller Saal einst mit Dürers Entwürfen bemalt war.

Im Albrecht-Dürer-Haus (▶ S. 105) gibt es nur Reproduktionen, ein für
jedes seiner 43 Schaffensjahre typisches Werk ist in digitalisierter Form
an einer einfach zu bedienenden Medienstation aufzurufen. Trotzdem ist
das Dürerhaus der Ort, an dem man den großen Meister am nächsten
kommt. Schon vor über 200 Jahren pilgerten die Maler und Schriftsteller
der Romantik hierher, um an der Aura des Meisters teilhaben zu können.
Wer Originalwerke Dürers sehen möchte, kann im Germanischen Nationalmuseum (▶ S. 107) seine berühmten Kaiserbilder sowie ein Porträt
seines Lehrmeisters Michael Wolgemut bewundern.

EIN PIONIER DER LANDSCHAFTSMALEREI

Immer wieder ist Dürer auch gewandert, hat die Stadtmauern hinter sich
gelassen, um mit Pinsel und Wasserfarben das Umland zu erkunden. Die
Aquarelle, die er von den Gärten bei St. Johannis, den Sandsteinbrüchen
am Schmausenbuck oder der Drahtziehmühle angefertigt hat, begründeten eine neue Form der Landschaftsmalerei. Bisweilen fuhr er sogar weit
hinaus, um etwa das liebliche Tal von Kalchreuth auf Büttenpapier fest-
zuhalten. Er wusste: »Je genauer man der Natur und dem Leben nach-
kommt, je besser und künstlerischer wird dein Werk.«

Am 6. April 1528 starb Dürer überraschend, vermutlich infolge einer
Malaria-Erkrankung, die er sich auf einer Hollandreise zugezogen hatte,
und wurde auf dem Johannisfriedhof (▶ S. 89) begraben. Er hinterließ
70 Gemälde, ein bedeutendes grafisches Werk mit rund 100 Kupfersti-
chen und 350 Holzschnitten sowie etwa 900 Zeichnungen.

Dürer starb kinderlos. Seine Frau Agnes überlebte ihn um elf Jahre. Als
Kunsthändlerin hatte sich Agnes erfolgreich um die Vermarktung der
Werke ihres Mannes gekümmert, allerdings scheint das Verhältnis zwi-
schen den Eheleuten nicht problemlos gewesen zu sein. Dürer nennt sie in
Briefen eine »alte Krähe«, was sicher zum bis heute bestehenden negativen
Bild von Agnes beigetragen hat. Aller Wahrscheinlichkeit bildete das Ehe-
paar Dürer aber eine gut funktionierende Zweckgemeinschaft, denn Al-
brechts Interesse am eigenen Geschlecht war ein offenes Geheimnis.

ST. JOHANNIS

St. Johannis ist der älteste Stadtteil vor den Toren der
Altstadt. Ein Abstecher lohnt dank seiner Hesperidengärten
und dem stimmungsvollen Johannisfriedhof. Idyllisch ist auch
ein Spaziergang entlang der Pegnitz hinein ins Zentrum.

Der Platz innerhalb der Nürnberger Stadtmauern war begrenzt, für Gärten gab es nur wenig Platz. So verwundert es nicht, dass die vornehmen Bürgerfamilien ihren Blick irgendwann über die Mauern schweifen ließen und sich vor den Toren der Stadt ausgedehnte Gärten und Sommerhäuser errichteten. Besonders beliebt war jene Gegend nordwestlich der Altstadt, die sich heute von der Bucher Straße in einem weiten Bogen bis an das nördliche Ufer der Pegnitz erstreckt. Nach der gleichnamigen Kirche wird der Stadtteil St. Johannis genannt und gehört noch heute zu den reizvollsten Ecken und Winkeln jenseits der Stadtmauern.

HEUTE EIN BEGEHRTES VIERTEL

In St. Johannis findet man nicht nur den stimmungsvollen historischen Johannisfriedhof, auf dem beispielsweise Albrecht Dürer, Adam Kraft oder

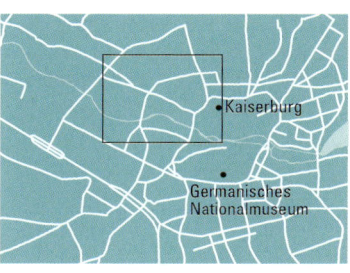

◀ Ein Hauch südländischer Gartenkultur im Frankenland: die Hesperidengärten (▶ S. 89).

Veit Stoß ihre letzte Ruhestätte fanden, sondern auch die letzten erhaltenen Hesperidengärten, kleine barocke Ziergärten, die vom einstigen Hang des Nürnberger Bürgertums zur Repräsentation zeugen.

Bedingt durch die Nähe zur Innenstadt und dem renaturierten Pegnitzwiesengrund als Naherholungsgebiet sowie den vielen Jugendstilhäusern mit ihren schmucken Sandsteinfassaden gehört St. Johannis zu den attraktivsten und lebendigsten Stadtteilen von Nürnberg. Wohnraum in St. Johannis ist begehrt, was sich dann natürlich auch in hohen Immobilienpreisen niederschlägt. In St. Johannis finden sich zahlreiche gute Restaurants sowie Szenebars und -kneipen, selbst ein Stadtteilzentrum, »Desi« genannt, fehlt nicht. Hervorragend ist auch die Einkaufssituation, denn es gibt noch viele kleine Einzelhändler. Egal, ob man einen Bäcker, Metzger oder ein nettes Café sucht – der Weg ist nicht weit. St. Johannis ist ein Stadtteil mit eigener Identität, dies spürt man vor allem im Juni, wenn sich das ganze Viertel auf der St.-Johannis-Kirchweih (»Kärwa«) trifft.

SEHENSWERTES

❶ Hesperidengärten   🖊 C 2

Bis auf wenige Ausnahmen sind die zahlreichen Gärten, die sich einstmals von der Johannisstraße hinunter zur Hallerwiese erstreckten, heute aus dem Nürnberger Stadtbild verschwunden. Der Aufbau der schmalen, aber bis zu 100 m langen Hesperidengärten erfolgte stets nach dem gleichen Schema. Zur Straße hin stand das traufseitige Wohnhaus, das zusammen mit den Stallungen und Nebengebäuden einen Innenhof bildete, der einen fließenden Übergang zum Garten darstellte, der wiederum durch Alleen, Springbrunnen und Terrassen aufgelockert wurde. »Dekoriert« wurden die Gärten mit barocken Skulpturen. Den Abschluss zum Pegnitzufer hin bildete in den meisten Fällen ein Gartenhaus.

🕐 Besonders schön ist die Stimmung in den Abendstunden.

Johannisstraße | Straßenbahn: Hallertor | der Garten in der Johannisstr. 13 ist ganzjährig geöffnet, der Garten in der Johannisstr. 47 nur April–Okt.

❷ Johannisfriedhof   🖊 C 2

Der aus einem Pestfriedhof hervorgegangene Johannisfriedhof zählt zu den kulturgeschichtlich und künstlerisch bedeutendsten Friedhöfen Europas. Er entstand 1518 infolge eines Ratsbeschlusses, der Bestattungen innerhalb der Stadtmauern untersagte. Die Epitaphien, die die schlichten und nach Osten ausgerichteten Sandsteingrabmäler zieren, sind ein wahres Bilderbuch der Sozialgeschichte. Die Inschriften und Wappen künden von der gesellschaftlichen Stellung des Toten, erzählen von seinem Beruf, seinen Kindern und der Zahl seiner Ehefrauen, die er überlebt hat. Die einschiffige spätgotische **Johanniskirche** diente einst als Pfarrkirche und ist eine der wenigen Nürnberger Kirchen, die im Zweiten Weltkrieg nicht beschädigt wurden.

Johannisstraße/Ecke Lindengasse | Straßenbahn: Brückenstraße | April–Sept. 7–19, Okt.–März 8–17 Uhr

3 Kleinweidenmühle — C2

Nur ein kurzer Spaziergang ist es von der Altstadt flussabwärts entlang der Pegnitz zur Kleinweidenmühle. Das verträumte Ensemble erinnert noch an die einstmals bedeutendste Papiermühle der Stadt. Bei dem schmucken Fachwerkbau mit dem vorgelagerten Treppenturm handelt es sich um das ehemalige **Gesindehaus**.

Straßenbahn: Hallertor

ESSEN UND TRINKEN

RESTAURANTS

4 Etage — C2

Gaumenfreuden aus Thailand – Über die Frage, welches das beste thailändische Restaurant der Stadt ist, lässt sich streiten, doch dieses Lokal bietet neben absolut frisch zubereiteten Speisen noch ein weiteres Plus: Es befindet sich direkt an der Pegnitz in den Räumen einer ehemaligen Getreidemühle.

Großweidenmühlstr. 9 | Straßenbahn: Hallerstraße | Tel. 33 30 02 | tgl. 18–24 Uhr | €€

5 Pegnitztal — C3

Hohe Qualität, niedrige Preise – Man serviert eine internationale Küche mit regionalem Schwerpunkt. Fränkische Klassiker wie Backers und Schäufele fehlen ebenfalls nicht auf der Speisekarte. Netter Garten.

Deutschherrnstr. 31 | Bus: Deutschherrnstraße | Tel. 26 44 44 | www.gasthaus-pegnitztal.de | Mo–Fr 11.30–15, 17.30–23, Sa 17.30–23, So 10.30–23 Uhr | €€

6 Refugium — D2

Stillvoll – In dem wunderschönen Ambiente eines Jugendstilhauses wird eine anspruchsvolle fränkische Küche mit mediterranem Einschlag serviert. Bei dem dreigängigen Menü hat der Gast die Möglichkeit, verschiedene Alternativen miteinander zu kombinieren, und das zu einem ausgezeichneten Preis-Leistungs-Verhältnis.

Rieterstr. 15 | Straßenbahn: Friedrich-Ebert-Platz | Tel. 92 91 99 61 | www.refugium-nuernberg.de | Mo–Fr 12–14.30, 18–24, Sa, So erst ab 18 Uhr | €€

7 Wirtshauskatze — C2

Asiatisch mit regionalen Zutaten – Fast eher ein Imbiss, aber dieses kleine und liebevoll geführte Thai-Restaurant mit dem ungewöhnlichen Namen begeistert mit einer traditionelle Küche mit knackigem Gemüse und viel frischen Kräutern. Schön sitzt man auch auf der kleinen Straßenterrasse.

Wiesenthalstr. 3 | Straßenbahn: Brückenstraße | Tel. 89 19 03 14 | www.wirtshauskatze.de | Mo, Di, Do, Fr 11.30–14, 18–22, Mi 11.30–14, Sa, So 18–22 Uhr | €

8 Wonka ▶ S. 28
9 Würzhaus ▶ S. 29

CAFÉS

⑩ Der Kaffeehausladen ⚑ D 2

Das wunderbare kleine Café mit dem Flair eines Kolonialwarenladens serviert selbst gemachte Kuchen nach Großmutters Rezepten und andere Leckereien. Ein Highlight für Nostalgiker ist der Kaffee nach alter Brühmethode im Melitta-Porzellan-Filter. Latte Macchiato gibt es aber selbstverständlich auch …

Wielandstr. 39 | Straßenbahn: Tiergärtnertor | Tel. 3 77 09 23 | www.kaffeehausladen.de | Mo 10–19, Di–Fr 9–19, Sa 10.30–16 Uhr

⑪ Kaffeestube am Hesperidengarten ⚑ C 2

Mitten im Hesperidengarten gelegen, begeistert dieses Tagescafé durch seine romantische Atmosphäre.

Johannisstr. 47 | Straßenbahn: Hallerstraße | Tel. 33 99 08 | tgl. 9–18 Uhr

EINKAUFEN

BÜCHER

⑫ Buchhandlung in Johannis ⚑ C 2

Lebendige und gut sortierte Stadtteilbuchhandlung mit einer guten Auswahl an belletristischen Titeln.

Johannisstr. 87 | Straßenbahn: Brückenstraße | Tel. 33 43 43 | www.lesertrifftbuch.de | Mo–Fr 9–13, 14–18, Sa 9–13 Uhr

KULINARISCHES

⑬ Fraunholz ▶ S. 36

⑭ Metzgerei Wolf ⚑ D 2

Wurst und Fleisch vom Feinsten: Die Metzgerei blickt auf eine mehr als 100-jährige Familientradition zurück. Perfekte Qualität, zuvorkommende Bedienung. Ein Gedicht ist der selbst gemachte Obatzde (Käsecreme).

Bucher Str. 14 | Straßenbahn: Tiergärtnertor | www.gourmetmetzgerei-wolf.de

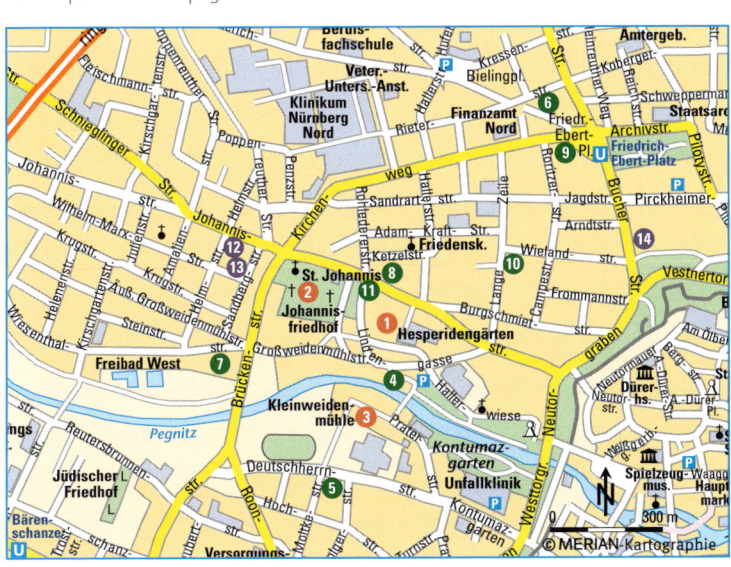

© MERIAN-Kartographie

GOSTENHOF

*Gostenhof ist nicht nur Nürnbergs Multikulti-Stadtteil,
sondern auch das erste Quartier, das von der Industrialisierung
im 19. Jh. tiefgreifend verändert wurde. Mit den Nürnberger
Prozessen wurde hier sogar Weltgeschichte geschrieben.*

Das direkt an den südwestlichen Zipfel der Altstadt grenzende Gostenhof
wurde bereits 1825 eingemeindet. Schnell entwickelte sich der Stadtteil zu
einem Vorreiter der Industrialisierung Bayerns. Hier stand das erste Gas-
werk Nürnbergs, und auch die berühmte Ludwigsbahn startete hier am
7. Dezember 1835 als erste deutsche Eisenbahn zu ihrer Fahrt ins benach-
barte Fürth, woran ein Denkmal an der einstigen Fahrstrecke erinnert.
Den Lokführer William Wilson, der zusammen mit der Bahn aus dem
englischen Newscastle kam und diese dann jahrzehntelang betreute, könnte man als den ersten »Gastarbeiter« des Stadtteils bezeichnen. Später sie-
delten sich die gesamte Zweiradindustrie (Triumph, Hercules etc.), aber
auch die AEG und das Versandhaus Quelle entlang der Fürther Straße an.
Der direkt vor der Stadtmauer gelegene Plärrer mit seinem markanten
Hochhaus ist die wichtigste Verkehrsdrehscheibe der Stadt geblieben – ein

◀ Blick vom Plärrerhochhaus auf den gleichnamigen Platz am Nordrand von Gostenhof.

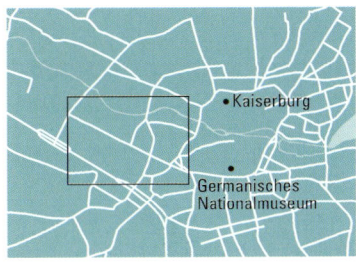

Umstand, der sich auch im Nürnberger Sprichwort »Da geeds ja zoa
wie am Blärrer« widerspiegelt.
In den Jahrzehnten nach dem
Zweiten Weltkrieg galt Gostenhof
als »Glasscherbenviertel«. Die Häu-
ser waren heruntergekommen und dienten als billiger Wohnraum für die
Arbeitsimmigranten aus Südeuropa. Noch heute hat nahezu jeder zweite
Bewohner ausländische Wurzeln, weshalb Gostenhof als Nürnbergs Multikulti-Stadtteil gilt, in dem es eine islamische Gemeinde genauso wie eine
griechisch-orthodoxe und einen Thailändischen Kulturverein gibt.

AUFWERTUNG ZUM SZENEVIERTEL

Dank umfangreicher Sanierungsarbeiten hat die sogenannte Gentrifizie-
rung längst begonnen. Gostenhof mit seinem alternativen Flair, den vielen kleinen Nachbarschaftsläden, Kneipen und Künstlerwerkstätten ist
hip, in kultureller Hinsicht spielten das Gostner Hoftheater und die beliebten Ateliertage dabei eine Vorreiterrolle.

SEHENSWERTES

❶ Rochusfriedhof 🚩 C 3

Der Rochusfriedhof diente als Pendant
zum Johannisfriedhof als Begräbnis-
stätte der Lorenzer Altstadt. Zu den
bekanntesten Persönlichkeiten, die
hier beerdigt wurden, gehören der Erzgießer Peter Vischer und der Kompo-
nist Johann Pachelbel. Ein malerisches
Ensemble mit Sandsteingräbern und
der schmucken Rochuskapelle. Neben
kostbaren Epitaphien sind in der Grab-
kapelle auch Glasfenster nach Entwürfen von Albrecht Dürer zu sehen.

🕐 Besonders stimmungsvoll präsentiert
sich der Friedhof in den Abendstunden.
Imhoffstraße/Rothenburger Straße/
Beim Rochuskirchhof

MUSEEN UND GALERIEN

**❷ Schwurgerichtssaal 600 (Memo-
rium Nürnberger Prozesse)** ▶ S. 112

ESSEN UND TRINKEN

RESTAURANTS

❸ Bistro Tel-Aviv Jaffa 🚩 A 2

Tipp für kulinarische Entdecker – Auch
Nürnbergs einziges israelisches Restaurant findet man im Westend der
Stadt. In den reduziert, aber stilvoll
eingerichteten Räumlichkeiten wird eine ansprechende ostmediterrane Küche serviert. Am besten startet man mit
einem Vorspeisenteller, der neben den
geräucherten Auberginen (»Baba Ga-
nusch«) auch eine Sesampaste oder ein
köstlich mariniertes Hühnerfilet zu

bieten hat. Die Hauptgerichte wechseln täglich, wobei das Lamm auf Roter Bete durch seine exotische Gewürzvielfalt begeistert. Doch auch Vegetarier werden hingerissen sein. Es werden übrigens keinerlei Konservierungsprodukte verwendet, einige Gerichte wie die Fleischbällchen basieren auf rein ökologischen Zutaten.

Spohrstr. 16 | U-Bahn: Muggenhof | Tel. 89623135 | www.tel-aviv-jaffa.de | Di–Fr 12–14.30, 17–23, Sa 17–24 Uhr, Mo ab 20 Uhr Tangoabend | €€

4 Hot Tacos 🏳 C 3

Scharfe Sache – Freunde der schnellen mexikanischen Küche bekommen hier leckere Tacos sowie Burritos in verschiedensten Variationen, die Marinaden und Saucen von mild bis feurig scharf sind allesamt Eigenkreationen. Jedes Gericht wird frisch zubereitet! Nett sitzt man auf der Straßenterrasse mit den bunten Stühlen, im Lokal ist sogar Platz für eine Spielecke.

Fürther Str. 66 | U-Bahn: Gostenhof | Tel. 98201686 | www.hottacos.de | Mo–So 11–22 Uhr | €

5 Koch und Kellner 🏳 C 3

Regionale Gourmetkost – Mitten im Szeneviertel Gostenhof wird hier kreative Kochkunst auf hohem Niveau ge-

boten, etwa bei einer Lasagne aus Kalbskopf, Kohlrabi und Trüffeln. Die Liebe zur regionalen Küche zeigt sich beim Hohenloher Lamm oder (Bio-) Rind. Zum Nachtisch empfiehlt sich ein Rohmilchkäse-Teller. Ausgezeichnete Weinkarte mit fränkischen und internationalen Tropfen.

Obere Seitenstr. 4 | U-Bahn: Gostenhof | Tel. 266166 | www.kochundkellner.de | Mo–Sa 12–14, 18.30–24 Uhr | €€€

6 Planungskneipe 🏳 C 3

Alternativer Klassiker – Seit rund drei Jahrzehnten ist die »Plane« ein beliebter Treffpunkt der alternativen Szene. In der rustikalen Stadtteilkneipe kommt eine authentische griechische Küche auf den Tisch. Ausgeschenkt wird das süffige Meisterbräu!

Kernstr. 29 | U-Bahn: Gostenhof | Tel. 266839 | Mo–Sa 12–14, 18.30– 24 Uhr | €

7 Thai Food 2 🏳 C 3

Authentische Thai-Gerichte – Offene Showküche mit einem täglich wechselnden Mittagsbüfett. Über den Tischen schwebt ein exotischer Duft von Kräutern und Gewürzen wie in einer Garküche. Große Straßenterrasse.

Bärenschanzstr. 25 | U-Bahn: Gostenhof | Tel. 9995714 | www.thaifood2.de | Mo–Fr 11–21.30, Sa, So 12–21.30 Uhr | €

Relaxen auf der Wiese im Rosenaupark 8

Nur fünf Fußminuten von der Altstadt entfernt liegt eine kleine innerstädtische Oase mit einem großzügigen Kinderspielplatz, in die es kaum Ortsfremde verschlägt (▶ S. 14).

8 Weinstockwerk 🏳 B 3

Retro-Weinbar – Eine ehemalige Eckkneipe wurde vor ein paar Jahren in eine kultige Weinbar mit Lounge-Flair umgewandelt. Die Weinauswahl war schon in der Vergangenheit vorzüglich, jetzt gibt es außerdem noch eine ansprechende Küche, deren Schwerpunkt auf Steaks und anderen Fleischgerichten liegt. Ausgezeichnet sind aber auch die Burger und das Rindertatar mit hausgemachten Pommes.

Glockendonstr. 30 | U-Bahn: Gostenhof | Tel. 272 36 63 | www.weinstockwerk.de | Di–Sa 18–1 Uhr | €€

CAFÉS

 9 Salon Regina C 3

Am Puls von Gostenhof: Auf den ersten Blick ein altertümliches Café, dessen Einrichtung vom Sperrmüll zu stammen scheint, aber vor allem während der Sommermonate sind die von einer Markise beschatteten Plätze auf der großen Straßenterrasse heiß begehrt. Keine Frage: »The place to be« im linksalternativen Gostenhof! Egal, ob am Morgen oder spätabends – hier ist immer etwas los. Zum Essen stehen täglich wechselnde Kuchen zur Wahl, außerdem Suppen und Salate.

Fürther Str. 64 | U-Bahn: Gostenhof | Tel. 929 17 99 | www.salonregina.de | Mo–Do 10–24, Fr, Sa 10–1, So 10–22 Uhr

EINKAUFEN

MODE

10 Vinty's B 3

Eine coole Secondhand-Boutique, die auch nach Kreuzberg passen würde. Retrofummel, teilweise von bekannten Labels, sowie Schuhe und verspielte Accessoires. Und eine kleine Caféecke mit Biokuchen gibt es auch noch.

Fürther Str. 74 a–76 | U-Bahn: Gostenhof | www.vintys.de | Mo–Fr 11–18, Sa 11–16 Uhr

KULTUR UND UNTERHALTUNG

CLUBS, DISKOTHEKEN UND BARS

11 Gelbes Haus ▶ S. 39

THEATER

12 Gostner Hoftheater ▶ S. 41

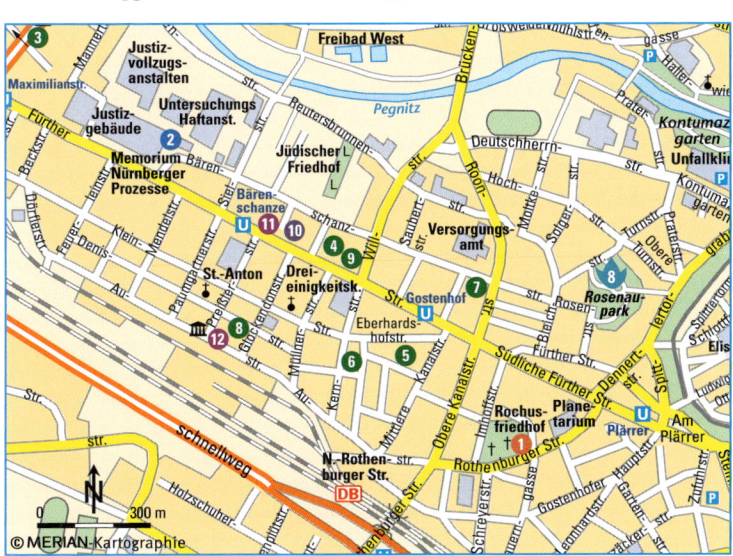

NICHT ZU VERGESSEN!

Sehenswerte Orte und Zeugnisse der Geschichte Nürnbergs finden sich nicht nur im Zentrum. Neben dem ehemaligen Reichsparteitagsgeländes ist noch so manches Kleinod wie die Wehrkirche von Kraftshof oder der Irrhain zu entdecken.

Rund um Nürnberg hat sich eine alte fränkische Agrarlandschaft mit schmucken Dorfkernen erhalten, die den sonderbaren Namen Knoblauchsland trägt. Abgesehen von der Lauchart werden vor allem Spargel, Kohlrabi, Karotten und Salate angebaut. Ein Bilderbuchdorf ist Kraftshof mit seiner mittelalterlichen Wehrkirche, in deren Mauern ein Friedhof mit verwitterten Grabsteinen ruht. Der Nachbarort Neunhof besitzt ein stattliches Patrizierschlösschen mit Wassergraben und einem verspielten Park. Im Pegnitztal östlich von Nürnberg kann man ein einzigartiges frühindustrielles Ensemble entdecken. Zum Pflichtprogramm für historisch Interessierte gehört ein Besuch des ehemaligen Reichsparteitagsgeländes, dessen Dimensionen noch mahnend von jener zwölfjährigen Epoche künden, als Nürnberg eine unrühmliche Rolle in der deutschen Geschichte spielte. Und nicht nur Kinder werden vom Tiergarten begeistert sein.

◀ Albert Speers Kolossalbauten auf dem ehemaligen Reichsparteitagsgelände (▶ S. 97).

SEHENSWERTES

Hammer östl. J 2

Die **historische Gewerbesiedlung** war einer der ersten Industriestandorte im Pegnitztal. Um die Wasserkraft des Flusses besser nutzen zu können, wurde im 16. Jh. neben einer Mühle ein Hammerwerk zur Messingherstellung errichtet, das wie ein kleines Dorf von Wehrtürmen, Mauern und zwei Toren gesichert wurde. Das im Krieg zerstörte Herrenhaus sowie das einstige Wirtshaus dürfen wegen ihrer Lage im Wasserschutzgebiet nicht mehr aufgebaut werden, doch bietet das Dorf mit seinem fachwerkverzierten **Uhrenhaus** sowie den **Arbeiterwohnungen** noch immer einen guten Einblick in diese Zeit. In der Mitte des Anwesens erhebt sich ein barocker **Obelisk**, der aus einem Garten in St. Johannis stammt.

Laufamholz | Bus: Hammer

Irrhain nördl. C 1

500 m östlich der Wehrkirche von Kraftshof steht am Waldrand ein barockes **Portal** mit der Inschrift »Irrhain« und mehreren Jahreszahlen. Es handelt sich dabei um nicht etwa um den Eingang zu einem Irrgarten, sondern um die historische Begegnungsstätte der »Pegnitzschäfer« des **Pegnesischen Blumenordens**, die sich hier zum literarischen Stelldichein trafen. Wer durch den Wald streift, kann noch mehrere Gedenktafeln sowie einen klassizistischen Obelisken entdecken, der Christoph Martin Wieland gewidmet ist.

Kraftshof | Bus: Kraftshof

Eine Runde Schlittschuh-laufen am Alten Kanal 9

Auf dem rund 15 m breiten Ludwigskanal kann man im Winter Eislaufen. Er eignet sich auch zu jeder anderen Jahreszeit für Spaziergänge oder eine Fahrradtour (▶ S. 15).

Kraftshof nördl. C 1

Die **Wehrkirche** in Kraftshof gehört zu den besterhaltenen ihrer Art in Franken. Drohte Gefahr, verschanzte sich die gesamte Dorfbevölkerung hinter den bis zu 8 m hohen Mauern, wobei auch das Vieh Platz fand. Im Zentrum der Anlage aus dem 15. Jh. steht die dem hl. Georg geweihte **Chorturmkirche**. Idyllisch präsentiert sich der von einer fünfeckigen, teils begehbaren Wehrmauer eingeschlossene **Dorffriedhof**.

Kraftshof | Bus: Kraftshof

(Ehemaliges) Reichsparteitags-gelände G 5

Mit den gigantischen Ruinen des ehemaligen Reichsparteitagsgeländes trat Nürnberg nach dem Zweiten Weltkrieg ein problematisches Erbe an. Das im Südosten der Stadt gelegene Areal, das mehr als zwei Dutzend Quadratkilometer umfasste, war zu groß, um es

Gratis Klassik hören im Luitpoldhain 10

Das Klassik Open Air am Luitpoldhain ist Europas größte Freiluftveranstaltung mit klassischer Musik. Diesen Event sollte man sich nicht entgehen lassen (▶ S. 15).

Rund 280 Arten sind im Nürnberger Tiergarten (▶ MERIAN TopTen, S. 98) zu bestaunen, darunter auch zwei Sibirische Tiger. Der Landschaftszoo liegt am Stadtrand im Lorenzer Reichswald.

einfach auszublenden. Vor allem die **Kongresshalle**, der größte erhaltene nationalsozialistische Monumentalbau in Deutschland, und das **Zeppelinfeld** mit seiner Haupttribüne sind mit ihren Dimensionen ein eindrucksvolles Beispiel für den nationalsozialistischen Größenwahn. Das weitläufige Areal lässt sich am besten auf einem ausgedehnten Spaziergang erkunden, dabei sollte man einen Besuch des **Dokumentationszentrums Reichsparteitagsgelände** (▶ S. 106) nicht versäumen.
Luitpoldhain | Am Großen Dutzendteich | Straßenbahn: Doku-Zentrum

Tiergarten ⑤ 👪   J 3/4

Der am Schmausenbuck gelegene Tiergarten gehört zu den attraktivsten und größten Zooanlagen Europas und erinnert an einen Landschaftspark. Teilweise wurden die Freigehege geschickt in alte Sandsteinbrüche integriert, die vor allem bei den Löwen und Tigern sowie den Eisbären, die man durch Glasscheiben auch beim Schwimmen beobachten kann, für eine stimmungsvolle Kulisse sorgen. Das unlängst komplett renovierte Raubtierhaus befindet sich z. B. inmitten der Sandsteinfelsen und bietet Platz für Löwen und Tiger, deren Freigehege von einem Wassergraben getrennt und gut einsehbar ist. Auf dem großräumigen, 67 ha großen Areal kann man ohne weiteres einen ganzen Tag verbringen und dabei zwischen den verschiedenen Gehegen umherwandern. Zu den besonderen Attraktionen zählen das Delfinarium, das demnächst um eine Lagune erweitert werden soll, das Tropenhaus und das Gorillafreigehege sowie eine als Aqua Park bezeichnete faszinierende Wasserlandschaft für Biber, Otter, Pinguine, Seelöwen und Eisbären. Für Kinder ist es zudem ein besonderes Erlebnis, an einer der kommentierten Fütterungen teilzunehmen oder im Streichelzoo auf Tuchfühlung zu gehen.

Schmausenbuck | Am Tiergarten 30 | Straßenbahn: Tiergarten | www.tiergarten.nuernberg.de | April–Sept. 8–19.30, Okt.–März 9–17 Uhr, Vorstellungen im Delfinarium: Mo–Fr 11, 14, 16, Sa, So und während der Ferien 11.30, 14.30, 16 Uhr | Eintritt 13,50 €, erm. 6,50/11,50 €, Familienkarte 31,50 € (jeweils inkl. Delfinarium)

ESSEN UND TRINKEN

RESTAURANTS

Tucherhof nördl. E 1

Alles tagesfrisch zubereitet – Diese traditionsreiche Gastwirtschaft am Marienbergpark ist seit dem Pächterwechsel wieder eine preisgünstige wie auch ansprechende Adresse. Auf der wechselnden Tageskarte dominiert die regionale Küche. Der zugehörige Biergarten verfügt über einen Selbstbedienungsbereich sowie einen großzügigen Spielplatz für Kinder.

Marienberg | Marienbergstr. 110 | Bus: Tucherhof | Tel. 5 20 97 77 | www.tucherhof.de | tgl. 11–20 Uhr | €

Wollen Sie's wagen?

Begegnung mit dem Amazonas: Im Tiergarten gibt es eine Spezialführung, bei der man gewissermaßen in den tropischen Regenwald des Manatihauses eintauchen kann. In Gummihosen steht man dabei mitten im Wasser zwischen den Seekühen und darf diese wie auch die Pacus-Fische und Dornwelse füttern, während Blütenfledermäuse über die Köpfe schwirren! Nicht für Kinder geeignet. Dauer. 2,5 Std. | Kosten 65 € (plus erm. Eintritt) | buchbar über Tel. 545 48 54 (Mo, Mi, Fr, Sa 11–12 Uhr) oder unter: diezoobegleiter@gmx.de

Vineria D 1

Hervorragende Weinauswahl – Das in einer ehemaligen Möbelfabrik untergebrachte Lokal hat sich dem gehobenen Weingenuss verschrieben. Restaurant wie Weinbar ziehen ein gemischtes Publikum an, auch der Immobilienmakler im geleasten Porsche darf hier nicht fehlen. Wechselnde Events, Terrasse.

Nordstadt | Kleinreuther Weg 87 | Straßenbahn: Bucher Straße/Nordring | Tel. 3 00 19 50 | www.vineria.de | Mo–Fr 17–1, Sa 17–2, So 17–23 Uhr | €€

Den Sonnenuntergang auf dem Rechenberg erleben 11

Der Rechenberg ist bekannt für seine Aussicht, im Winter kommen vor allem Kinder zum Schlittenfahren. Und Hobbyastronomen besuchen die dortige Sternwarte (▸ S. 15).

Im Fokus
Nationalsozialismus

Keine andere deutsche Stadt wird so sehr mit dem Nationalsozialismus verbunden wie Nürnberg, die »Stadt der Reichsparteitage«. Zahlreiche architektonische Hinterlassenschaften dieser Epoche lassen sich auf einem Spaziergang erkunden.

Wie kaum eine andere deutsche Stadt wird Nürnberg mit der nationalsozialistischen Zwangsherrschaft in Verbindung gebracht. Als »Stadt der Reichsparteitage« galt und gilt Nürnberg weltweit als ein Symbol für die nationalsozialistische Schreckensherrschaft. In der fränkischen Metropole gab Julius Streicher seit 1923 sein antisemitisches Hetzblatt »Der Stürmer« heraus, hier wurden die »Nürnberger Gesetze« verkündet und nach Kriegsende die größten Naziverbrecher im Rahmen der »Nürnberger Prozesse« verurteilt und hingerichtet. Vor allem die Propagandabilder von den »Reichsparteitagen« prägten das Image der Stadt. Die Parteitage der Nationalsozialisten waren eine öffentliche Machtdemonstration, die mit Bildern und Filmen wie Leni Riefenstahls »Triumph des Willens« geschickt als Propagandainstrument in Szene gesetzt wurden. Nur wenige Zeitgenossen wie der Schriftsteller Lion Feuchtwanger prangerten die Parteitage als einen »Versammlungsort des Pöbels« an, die Nürnberg zu einem »Aufmarschgelände der Dummheit und Gewalt« machten. Nach

◀ Im Dokumentationszentrum Reichsparteitagsgelände (▶ MERIAN TopTen, S. 106).

Kriegsende waren es dann die »Nürnberger Prozesse« vor dem Internationalen Militärgerichtshof, die schon allein durch ihren Namen eine enge und dauerhafte Verbindung zur fränkischen Metropole herstellen.

WARUM NÜRNBERG?

Nürnberg galt zwar in der Weimarer Republik als eine »rote« Stadt, und das nationalsozialistische Gedankengut war auch nicht mehr verbreitet als in anderen deutschen Metropolen, aber dank der Untätigkeit der Polizei konnten die Nationalsozialisten ungestört agieren, während sie sich in anderen Städten nicht versammeln durften. Mit dem »Frankenführer« Julius Streicher, der mit seinem »Stürmer« übelste Propagandahetze betrieb, gab es zudem einen charismatischen Politiker, der auch im Stadtrat saß.

Aufgrund der zentralen Lage und der guten Eisenbahnverbindungen versammelte sich die nationalen Kreise bereits 1923 zum »Deutschen Tag« in Nürnberg, dem dann 1927 der erster Reichsparteitag folgte. Für Hitler war Nürnberg als Stadt der mittelalterlichen Reichstage stets »der Inbegriff des unverfälschten Deutschtums« gewesen. Im Jahr 1929 wurde dann erneut ein Reichsparteitag der NSDAP in Nürnberg abgehalten und die einstige Reichsstadt zur nationalsozialistischen Weihestätte erhoben.

Die Nürnberger Stadtverwaltung unter ihrem liberalen Oberbürgermeister Dr. Hermann Luppe leistete in den Jahren 1930 und 1931 erfolgreich Widerstand gegen die Agitationsveranstaltung und verhinderte erfolgreich die Ausrichtung eines Reichsparteitags. Im Jahr 1932 fand ebenfalls kein Parteitag statt, denn die NSDAP verfügte nicht über die notwendigen finanziellen Mittel, um ein Großereignis auszurichten.

DIE »STADT DER REICHSPARTEITAGE«

Nach der Machtübernahme sollte Nürnberg dem Wunsch Hitlers gemäß »für alle Zeiten« die »Stadt der Reichsparteitage« sein. Seit dem Jahr 1933 wurden jeweils im Spätsommer insgesamt sechs große Parteitage abgehalten. Bis zu 750 000 Teilnehmer und noch einmal rund 500 000 Zuschauer strömten zu den NS-Großveranstaltungen nach Nürnberg. Die von zahllosen Aufmärschen und Paraden strukturierten Zeremonien dauerten eine knappe Woche. Den beinahe in religiöser Weise auf Hitler ausgerichteten Feierlichkeiten war stets ein Motto vorangestellt: »Parteitag des Sieges« (1933), »Parteitag der Einheit und Stärke« (1934), »Parteitag der Freiheit« (1935), »Parteitag der Ehre« (1936), »Parteitag der Arbeit« (1937) und »Parteitag Großdeutschland« (1938). Der »Reichsparteitag des Friedens«, der für den 2. September 1939 geplant war, wurde wegen des deutschen Überfalls auf Polen am 1. September kurzfristig abgesagt ...

KULISSEN DER GEWALT

Um für die Großveranstaltung einen geeigneten Rahmen zu schaffen, beauftragte Adolf Hitler 1934, ein Jahr nach der Machtübernahme, seinen Lieblingsarchitekten Albert Speer mit den Planungen für das Reichsparteitagsgelände. Speer, der seine Bauten als »Worte aus Stein« bezeichnete, entwarf ein gigantisches Aufmarschgelände, das nach der Entfesselung des Zweiten Weltkriegs nicht mehr vollendet werden konnte. Historiker sprechen gerne von »Kulissen der Gewalt«, da zu den Bauarbeiten Zwangsarbeiter und KZ-Häftlinge herangezogen worden waren.

Weite Teile des mehr als 20 qkm großen Areals lassen sich gut auf einem Spaziergang erkunden, wobei die noch vorhandenen Ruinen der Kolossalbauten den nationalsozialistischen Machtanspruch auch heute noch eindrucksvoll dokumentieren. Hilfreich für das Verständnis sind die 23 Informationstafeln aus Edelstahl, die über das gesamte Gelände verteilt sind und Erläuterungen und historische Fotografien zeigen.

EINE GELÄNDEBEGEHUNG

Ein guter Ausgangspunkt einer Geländebegehung ist der Luitpoldhain, eine Parkanlage, in der eine der zentralen Veranstaltungen des Parteitags mit pseudo-religiösem Charakter abgehalten wurde. Am »Ehrenmal« in der Luitpoldarena gedachten die Nationalsozialisten den Gefallenen des Hitlerputsches von 1923, die zu Märtyrern stilisiert wurden. Vor den Augen von 150 000 Mitgliedern von SA, SS, NSKK und NSFK »weihte« Adolf Hitler neue Standarten und Fahnen. Über die Bayernstraße geht es zu der schon weithin sichtbaren Kongresshalle. Das dem Kolosseum von Rom nachempfundene Gebäude sollte als Kongresszentrum Platz für 50 000 Menschen bieten. Der monumentale Ziegelbau wurde mit Granitplatten verkleidet und wäre mit einer Grundfläche von 265 x 275 m die größte Halle der Welt geworden. Durch den Kriegsausbruch wurde aber auch sie nie fertiggestellt. Nach diversen Zwischennutzungen beherbergt der nördliche Kopfbau nun das Dokumentationszentrum Reichsparteitagsgelände Nürnberg (▶ S. 106). Wenn man die Kongresshalle umrundet, kann man entlang des Dutzendteichs in fünf Minuten zur benachbarten Großen Straße laufen, wo zweimal jährlich das Nürnberger Volksfest stattfindet.

Die 2 km lange und 60 m breite Straße sollte als zentrale Achse und Auf-marschterrain die Verbindung zwischen der Luitpoldarena und dem an ihrem südlichen Ende gelegenen Märzfeld herstellen. Auf diesem nach dem römischen Kriegsgott Mars benannten Areal hätten gigantische Schaumanöver der Wehrmacht stattfinden sollen. Es wurde jedoch eben-falls nicht vollendet. Die fertiggestellten Wehrtürme und Tribünen wur-den 1967 gesprengt, um Platz für Wohngebiete in der neuen Trabanten-stadt Langwasser zu schaffen. Das Deutsche Stadion kam gar über die Baugrube nicht hinaus. An den Ort, wo einstmals die paramilitärischen Kampfspiele vor 400 000 Zuschauern hätten ausgetragen werden sollen, erinnert heute der idyllisch anmutende Silbersee, der nur einen Katzen-sprung von der Großen Straße entfernt ist.

Parallel zum Ufer des Großen Dutzendteichs gelangt man schließlich zum Zeppelinfeld. Hier fanden die Veranstaltungen der Wehrmacht und des Reichsarbeitsdienstes sowie der Appell der politischen Leiter der NSDAP statt. Der von 34 Türmen umrahmte Bereich fasste seinerzeit ins-gesamt 250 000 Personen, deren Treiben wiederum von 70 000 Zuschau-ern verfolgt werden konnte. Albert Speers Entwurf der 350 m langen Haupttribüne war dem antiken Pergamonaltar nachempfunden. Wegen Baufälligkeit mussten die Kolonnaden und die Seitenpylone 1967 abge-tragen werden. Aber auch die riesige Steintribüne bröckelt munter vor sich hin und ist inzwischen dringend renovierungsbedürftig.

AUFARBEITUNG DER DUNKELN JAHRE

Um einen Schlussstrich unter die beschämende Vergangenheit zu ziehen, hat man nach Ende des Zweiten Weltkriegs Teile des Areals in die Luft gesprengt. Die noch vorhandenen Ruinen sind wie die Reste eines faulen Gebisses rund um den Dutzendteich verstreut. Nürnberg hatte schwer an diesem unrühmlichen Erbe zu tragen. Nach einer jahrzehntelangen hauptsächlich zweckorientierten Nutzung beschloss der Stadtrat im Jahr 1994 den Bau des 2001 eröffneten Dokumentationszentrums Reichspar-teitagsgelände. Damit wurden geradezu mustergültig die Grundlagen ge-schaffen, Besucher eindrucksvoll über den Größenwahn der national-sozialistischen Herrschaft zu informieren. Mit dem Memorium Nürnberger Prozesse (▶ S. 112) wurde dann 2010 auch noch das Kapitel der Kriegs-verbrecherprozesse in museal-didaktischer Form aufgearbeitet und der historische Schwurgerichtssaal 600 im Justizpalast der Öffentlichkeit zu-gänglich gemacht – die Stadt Nürnberg hat es damit vorbildlich verstan-den, sich mit ihrem schweren historischen Erbe auseinanderzusetzen.

MUSEEN UND GALERIEN

*Die Museumslandschaft ist so vielfältig und traditionsreich
wie das Germanische Nationalmuseum. Und auch die Moderne
Kunst wird in Nürnberg mit dem Neuen Museum und der
Kunsthalle gebührend gewürdigt.*

Schon im späten Mittelalter war Nürnberg ein Hort der Kunst und Kultur. Albrecht Dürer, Peter Vischer und Veit Stoß haben den Ruf der Reichsstadt als Kulturmetropole begründet. Leicht nachvollziehbar, dass das Germanische Nationalmuseum 1852 in Nürnberg und nicht in Frankfurt seine Pforten öffnete. Die reichsstädtische Geschichte Nürnbergs wird ausführlich im Fembohaus behandelt, während sich eine Dauerausstellung im Museum Industriekultur mit dem Wandel beschäftigt, der Nürnberg in den verschiedenen Phasen der Industrialisierung geprägt hat. Das Spielzeugmuseum widmet sich der Kulturgeschichte des Spielzeugs seit der Antike, wobei auch die besondere Rolle Nürnbergs als Spielzeugstadt herausgearbeitet wird. Besondere Beachtung verdient das Dokumentationszentrum Reichsparteitagsgelände, mit dem sich Nürnberg in mustergültiger Weise mit seiner nationalsozialistischen Vergan-

◄ Eine moderne »Agnes Dürer« führt Gäste
durch das Albrecht-Dürer-Haus (► S. 105).

genheit auseinandersetzt. Ein Tipp: Mit der Nürnberg Card (23 €) kann
man zwei Tage lang kostenlos (fast) alle Museen der Stadt besuchen und
öffentliche Verkehrsmittel zum Nulltarif nutzen. Das Germanische Nationalmuseum gehört nicht zu den städtischen Museen.

MUSEEN

Albrecht-Dürer-Haus ⚓ B 4

Nur ein kleines Stück unterhalb der
Kaiserburg steht das hübsche Fachwerkhaus von Albrecht Dürer, das er
1509 erworben und bis zu seinem Tod
im April 1528 fast 20 Jahre zusammen
mit seiner Frau Agnes bewohnt hatte.
Die Dauerausstellung widmet sich dem
Leben und Werk des wohl berühmtesten Nürnberger Bürgers, angefangen
mit einem kurzen Abriss der Geschichte des gegen 1420 errichteten Dürer-
Hauses, das glücklicherweise die Zerstörungen des Zweiten Weltkrieges fast
unbeschädigt überstanden hatte.
Im ersten Obergeschoss wird im Kino-
raum die Multivisionsschau »Albertus
Durer Noricus« gezeigt sowie über Dürers Lebenswelt informiert. Die zwei
spätgotischen Wanderer-Zimmer samt
ihren Butzenscheiben wurden jedoch
erst später im Stil des Historismus eingefügt. Unter dem Dach dann werden
Originalgrafiken und Kopien bekannter Dürer-Werke präsentiert.
Ein Tipp: Interessant ist eine Kostüm-
führung, bei der eine leibhaftige »Agnes Dürer« durch das Haus geleitet und
ausführlich über das Familienleben
plaudert (auch als Audioführung).
Sebalder Altstadt | Albrecht-Dürer-
Str. 39 | Straßenbahn: Tiergärtnertor |

www.museen.nuernberg.de/duerer
haus | Di, Mi, Fr 10–17, Do 10–20, Sa, So
10–18, Juli–Sept. und Dez. auch Mo 10–
17 Uhr | Kostümführungen: Do 18, Di,
Mi, Sa 15, So 11 Uhr (2,50 €) | Eintritt 5 €,
erm. 3 €

DB-Museum 🚶‍♂️ ⚓ B 6

Zwischen Nürnberg und Fürth fuhr
1835 die erste deutsche Eisenbahn. Es
erschien daher 1899 naheliegend, hier
das »Königlich bayerische Eisenbahn-
museum« einzurichten. Heute werden
in zwei Fahrzeughallen die Schmuck-
stücke der deutschen Eisenbahngeschichte vorgestellt. Kontrastreich wurde ein Modell des ICE 3 neben einen
Nachbau der ersten in Deutschland
eingesetzten Lokomotive, den »Adler«,
gestellt. Zum historischen Fundus gehören auch der Salonwagen des Reichs-
kanzlers Otto von Bismarck und zwei
Wagen aus dem Hofzug des bayerischen Königs Ludwig II.
In der Dauerausstellung des Museums
werden die verschiedenen Epochen der
Eisenbahngeschichte von den Anfän-
gen bis in die Gegenwart hinein anschaulich beleuchtet. Unter dem Titel
»Ein Jahrhundert unter Dampf« wird
aufgezeigt, wie sehr die Eisenbahn als
Massentransportmittel das Industriezeitalter geprägt hat.

In der Abteilung »Die Reichsbahn in Weimarer Republik und Nationalsozialismus 1920–1945« werden neben der Umwandlung in einen Staatsbetrieb auch die Schattenseiten der Eisenbahnhistorie thematisiert, schließlich wären ohne die Reichsbahn weder die Vernichtungskriege in Osteuropa noch die Judendeportationen möglich gewesen. Nach Kriegsende nahmen im geteilten Deutschland Bundesbahn und Reichsbahn eine sehr unterschiedliche Entwicklung, sie waren gewissermaßen auf »getrennten Gleisen« unterwegs. Eine separate Ausstellung ist der »Geschichte der Bahnhöfe« gewidmet. Diese Kathedralen des 19. Jh. stellten mit ihrer exponierten Funktion gewissermaßen die städtische Visitenkarte dar.

In einer eigenen »**Erlebniswelt**« haben junge Besucher die Möglichkeit, sich auf spielerische Weise mit der Eisenbahntechnik vertraut zu machen, beispielsweise am Fahrsimulator oder bei einer imaginären Mitfahrt auf dem Führerstand. Eine liebevoll gestaltete Modellbahnanlage mit einer Gleislänge von insgesamt 500 m lässt nicht nur Kinderherzen höher schlagen. Stündlich ab 9.30 Uhr werden hier 30 Miniaturzüge auf die Reise geschickt.

Tafelhof | Lessingstr. 6 | U-Bahn: Opernhaus | www.dbmuseum.de | Di–Fr 9–17, Sa, So 10–18 Uhr | Eintritt 5 €, erm. 4 € (inkl. Museum für Kommunikation)

Dokumentationszentrum Reichsparteitagsgelände 6 🚋 G 5

Mit dem gigantischen Ruinenfeld des ehemaligen Reichsparteitagsgeländes (▶ S. 97) trat Nürnberg nach dem Zweiten Weltkrieg ein schweres Erbe an. Das Areal, das mehr als zwei Dutzend Quadratkilometer umfasste, war zu groß, um es einfach auszublenden. Zwar wurden Teile wie das **Märzfeld** gesprengt und als Wohngebiet ausgewiesen, andere Bereiche zum Parkplatz oder Veranstaltungsort umfunktioniert, doch letztlich war der Schatten, den der Nationalsozialismus auf das gesamte Areal warf, zu mächtig. Ende der 1990er-Jahre war endlich die Zeit reif, um sich auch museal mit der eigenen Vergangenheit auseinanderzusetzen.

Die überaus ansprechend konzipierte Dauerausstellung »**Faszination und Gewalt**«, die sich modernster audiovisueller Medien bedient, beschreibt einen weiten Bogen. Sie beginnt beim Aufstieg der NSDAP, erzählt von der »Machtergreifung« und dem »Führer«-Mythos, bevor Nürnberg ausführlich als »Stadt der Reichsparteitage« vorgestellt wird. Anschließend wird mit zahlreichen Plänen und Fotografien die Baugeschichte des Reichsparteitagsgeländes dokumentiert. Weitere Themen behandeln den Ablauf und die Organisation der Reichsparteitage sowie Leni Riefenstahls Filme, die zu Propagandazwecken genutzt wurden.

Eindrucksvoll wird auch der Weg in den Zweiten Weltkrieg, insbesondere der Vernichtungskrieg in der Sowjetunion geschildert. Nicht versäumen sollte man den Blick in den Innenhof der **Kongresshalle**, der dem Besucher nochmals den nationalsozialistischen Größenwahn plastisch vor Augen führt.

Luitpoldhain | Bayernstr. 110 | Straßenbahn: Doku-Zentrum | www.museen. nuernberg.de/dokuzentrum | Mo–Fr 9–18, Sa, So 10–18 Uhr | Eintritt 5 €, erm. 3 €

Vom »Goldkegel von Ezelsdorf« bis zur »Frankfurter Küche«: Das Germanische Nationalmuseum (▶ MERIAN TopTen, S. 107) präsentiert die wohl umfassendste Schau zur deutschen Kultur.

Germanisches Nationalmuseum
B 6

Einst wurden in Nürnberg die Reichskleinodien aufbewahrt, heute besitzt die Stadt mit dem Germanischen Nationalmuseum die bedeutendste Sammlung deutscher Kunst und Kultur innerhalb ihrer mächtigen Mauern. Das Spektrum reicht von der Vor- und Frühgeschichte bis zur unmittelbaren Gegenwart. Die bereits vorhandene Bausubstanz wurde geschickt genutzt, sodass die mittelalterliche Abteilung in der Kirche und entlang des Kreuzgangs eines ehemaligen **Kartäuserklosters**

präsentiert wird. Interessierte können tagelang durch die Ausstellungsräume wandeln, ohne sich an den vielen Gemälden, Möbeln, Musikinstrumenten und Skulpturen sattzusehen.

Gegründet wurde das Museum 1852 von Hans Freiherr von und zu Aufseß. Sein Ziel war es damals, die Einheit des deutschsprachigen Kulturraums zu dokumentieren. Heute beherbergt das Haus rund 1,2 Mio. Objekte. Aufgrund des großen Spektrums, das der Museumsfundus abdeckt, sollte man sich vielleicht auf zwei, drei Abteilungen und die bekanntesten Exponate beschränken. Hierzu gehören der bronzezeitliche »**Goldkegel von Ezelsdorf**«, mehrere Gemälde von Albrecht Dürer (»Idealbildnis Kaiser Karl des Großen«, »Porträt des Malers Michael Wolgemut« etc.) sowie der original erhaltene **Behaim**-Globus, der in einem eigenen Raum präsentiert wird. Behaims »Erdapfel« ist die älteste erhaltene Darstellung der Erde in Kugelgestalt und seit Langem ein Prunkstück des Museums. Sehr interessant ist die neu konzipierte Ausstellung zur Vor- und Frühgeschichte, die die Besiedlung Germaniens bis zum Frühmittelalter veranschaulicht. Auch das Mittelalter und die Kunst- und Kulturgeschichte der Frühen Neuzeit werden ausführlich gewürdigt. Zu den wertvollsten Exponaten jener Epoche gehört ein **Tafelaufsatz** in Schiffsform sowie ein Selbstporträt Rembrandts. Kinder begeistern sich vor allem für die prächtigen Rüstungen oder die Spielzeugabteilung mit ihren alten Puppenhäusern. Zu weiteren Abteilungen sind ein Münzkabinett, alte Musikinstrumente und eine volkskundliche Sammlung zusammengefasst.

Das 20. Jh. wiederum ist mit Werken von Ernst Ludwig Kirchner, Egon Schiele, Joseph Beuys sowie einer ansprechenden Designsammlung vertreten.

Lorenzer Altstadt | Kartäusergasse 1 | U-Bahn: Opernhaus | www.gnm.de | Di, Do–So 10–18, Mi 10–21 Uhr | Eintritt 8 €, erm. 5 €, Mi ab 18 Uhr frei

Kaiserburgmuseum 🛉 ⬗ B 4

Hoch oben über Nürnberg im Kemenaten-Bau der Kaiserburg befindet sich eine Außenstelle des Germanischen Nationalmuseums. Die Dauerausstellung informiert anhand von Ausgrabungsfunden und Modellen über die Baugeschichte und die historische Bedeutung der Kaiserburg.

Kücheneinrichtung von anno dazumal: Das Museum Industriekultur (▶ MERIAN TopTen, S. 109) widmet sich der Geschichte der Industrialisierung und der technischen Aspekte des Alltags.

Sebalder Altstadt | Burg 13 | Straßenbahn: Tiergärtnertor | April–Sept. tgl. 9–18, Okt.–März tgl. 10–16 Uhr | Eintritt 7 €, erm. 6 € (inkl. Kaiserburg)

Kunstvilla E 3

In einer repräsentativen Villa am Rand der Altstadt werden Werke aus dem 20. und 21 Jh. präsentiert. Da die Exponate größtenteils aus städtischen Sammlungen stammen, hat die Dauerausstellung einen starken regionalen Bezug.

Marienvorstadt | Blumenstr. 17 | U-Bahn: Hauptbahnhof | www.kunstkulturquartier.de/kunstvilla | Di, Do–So 10–18, Mi 10–20 Uhr | Eintritt 2,50 €, Sonderausstellungen 5 €

Kunsthalle C 5

Die Nürnberger Kunsthalle hat keine eigene Sammlung anzubieten. Somit stehen die schönen Räumlichkeiten am Marientor für anspruchsvolle Wechselausstellungen zur Verfügung.

Lorenzer Altstadt | Lorenzer Str. 32 | Straßenbahn: Marientor | www.kunsthalle.nuernberg.de | Di, Do–So 10–18, Mi 10–20 Uhr | Eintritt 4 €, erm. 2 €

Museum 22/20/18 Kühnertsgasse C 5

Das in jahrelanger Arbeit mühsam restaurierte Ensemble von drei mittelalterlichen Handwerkerhäusern beherbergt ein ansprechendes Museum, das Einblicke in das Alltagsleben und die Arbeitswelt von Handwerkern im reichsstädtischen Nürnberg gewährt.

Lorenzer Altstadt | Kühnertsgasse 18-22 | U-Bahn: Lorenzkirche | www.altstadtfreunde-nuernberg.de/museum.html | Mi, Sa, So 14–17 Uhr | Eintritt 3 €, erm. 2 €

Museum Industriekultur   G 2

Wie kaum eine andere deutsche Stadt prosperierte Nürnberg im Zeitalter der Industrialisierung. Innerhalb weniger Jahrzehnte entstanden Dutzende Werkstätten und Fabriken, deren Produkte in ganz Deutschland begehrt waren. Um diese Facette der Nürnberger Stadtgeschichte zu dokumentieren, wurde in den 1980er-Jahren in den Räumlichkeiten des einstigen Eisenwerks von Julius Tafel ein Museum für Industriekultur eingerichtet, das die Darstellung der Technik- und Sozialgeschichte mit der Alltags- und Arbeitswelt verbindet.

Im Erdgeschoss dreht sich alles um das Thema **Zweiräder**, denn Nürnberg war einstmals führend in der Fahrrad- und Motorradproduktion. Noch heute bekannte Firmennamen wie Mars, Hercules, Mammut, Victoria, Triumph und Zündapp produzierten seinerzeit in der Frankenmetropole. Neben einer Sammlung historischer Fahrräder samt Hochrad sind im Motorradmuseum zahlreiche historische Fahrzeuge zu sehen.

Ebenfalls im Erdgeschoss befindet sich das **Schulmuseum**, das auf einer ca. 350 qm großen Fläche die Bedeutung von Bildung thematisiert und dabei einen Blick auf die vergangenen 500 Jahre Schulgeschichte wirft.

Die eigentliche Ausstellung zur **Industriegeschichte** ist im Untergeschoss entlang einer Museumsstraße angeordnet, die von Objekten und Schwerpunkteinheiten gesäumt wird. Auf der einen Seite der Straße geben eine Gipsmühle, eine historische Bleisatzdruckerei und mehrere Dampfmaschinen, darunter z. B. ein zigtonnenschwerer Koloss der MAN von 1907, Einblicke in die technische Arbeitswelt. Interessant ist auch ein Nachbau einer Werkstätte der Maschinenfabrik J. W. Spaeth. Der Wandel des 20. Jh. lässt sich etwa anhand historischer Fahrzeuge (VW Käfer, Ford Modell T etc.) aufzeigen. Auf der anderen Seite der Museumsstraße geben mehrere Installationen einen Einblick in den Alltag des Industriezeitalters. Angefangen beim historischen Klassenzimmer über eine Zahnarztpraxis, ein Arbeitervereinslokal sowie einen Friseursalon und einen Kolonialwarenladen, die allesamt weitgehend im Originalzustand eingebaut wurden, wird das damalige Leben anschaulich gemacht.

St. Jobst | Äußere Sulzbacher Str. 60–62 | Straßenbahn: Tafelhalle | www.museen.nuernberg.de | Di–Fr 9–17, Sa, So 10–18 Uhr | Eintritt 5 €, erm. 3 €

Museum für Post und Kommunikation 🚶 ⚓ B 6

Im selben Gebäude wie das DB-Museum (▶ S. 105) untergebracht, widmet sich das Museum für Post und Kommunikation der Geschichte der Nachrichtenübermittlung in all ihren Facetten. Der Bogen spannt sich von den ersten Reisen mit der Postkutsche über Telefonverbindungszentralen bis hin zu einer Briefmarkensammlung. Diverse Installationen fordern junge Besucher zum Mitmachen auf.

Tafelhof | Lessingstr. 6 | U-Bahn: Opernhaus | www.mfk-nuernberg.de | Di–Fr 9–17, Sa, So 10–18 Uhr | Eintritt 5 €, erm. 4 € (inkl. DB-Museum)

Museum Tucherschloss mit Hirsvogelsaal ⚓ C 4

Die Familie Tucher gehört zu den bekanntesten Patrizierfamilien, die einst die politischen und wirtschaftlichen Geschicke der Stadt bestimmten. Aus repräsentativen Gründen unterhielten die Nürnberger Patrizier zahlreiche Herrensitze auf dem Land, wo sie sich in Architektur und Lebensstil an den Gepflogenheiten des Adels orientierten. Eine Ausnahme bildete Lorenz II. Tucher, der sich 1533 bis 1544 ein **Gartenschloss** inmitten der Stadtmauern errichten ließ. Das Tucherschloss ist ein eindrucksvolles Beispiel für den luxuriösen Wohnstil der Frührenaissance, wenngleich das Sandsteinbauwerk auch spätgotische und romanische Architekturelemente aufweist.

Nördlich des Schlosses erstreckt sich eine Gartenanlage, die leicht ansteigt und in deren Mitte sich der **Hirsvogelsaal** befindet. Dieser nach seinem Auftraggeber, dem Fernhändler Lienhard Hirsvogel benannte Saalbau wurde als »strengste und schönste Schöpfung der ganzen deutschen Frührenaissance« gepriesen. Zwar wurde der Saal im Krieg zerstört, doch konnte die kostbare Innenausstattung gerettet werden.

Sebalder Altstadt | Hirschelgasse 9–11 | U-Bahn: Rathenauplatz | www.museen.nuernberg.de/tucherschloss | Mo 10–15, Do 13–17, So 10–17 Uhr | Eintritt 5 €, erm. 3 €

Neues Museum (Staatliches Museum für Kunst und Design) ⭐ ⚓ C 6

Keine Frage: Der architektonische Höhepunkt der Nürnberger Museumslandschaft ist das Staatliche Museum für Kunst und Design, im Volksmund schlicht Neues Museum genannt. Schon der erste Eindruck begeistert: Die geschwungene, etwa 100 m lange **Glasfront** des Gebäudes hebt mit ihrer transparenten Leichtigkeit die Wucht der Stadtmauern auf, sodass der vor-

Das spektakuläre Neue Museum (▶ MERIAN TopTen, S. 110): Vom Klarissenplatz lassen sich die Kunstwerke durch die große geschwungene Glasfront wie in einem Schaufenster betrachten.

gelagerte Klarissenplatz heute ein fast mediterranes Flair ausstrahlt. Der Architekt Volker Staab hat mit den mittelalterlichen Bautraditionen gebrochen und einen spröden, klaren Bau für die Moderne Kunst geschaffen, dessen Treppenspirale unweigerlich den Blick des Besuchers auf sich zieht.

Wie hinter einem gläsernen Vorhang präsentieren sich nun sechs der 20 Sammlungsräume. Und gerade in den Nachtstunden, wenn die Säle hell erleuchtet sind, strahlt die Kunst weit in den öffentlichen Raum hinein.

Wie der Name des im Jahr 2000 eröffneten Museums bereits andeutet, wurden hier zwei verschiedene Sammlungen miteinander vereint: zum einen die von der Stadt Nürnberg und privaten Stiftungen zusammengetragene Kollektion internationaler zeitgenössischer Kunst, zum anderen eine Designabteilung, die aus den Beständen des Staatlichen Museums für angewandte Kunst

und Design der Münchener Pinakothek der Moderne hervorging.

Die Kunstsammlung stellt sich den vielfältigen Positionen und Tendenzen der Modernen Kunst seit den 1960er-Jahren und spannt einen Bogen von der Malerei über die Fotografie und Videokunst bis hin zu Plastik und Installationen. Einen Schwerpunkt des Hauses bilden die Werkensembles von Thomas Ruff, Günter Fruhtrunk, Horst Antes, Gotthard Graubner, François Morellet, Bridget Riley und Nam June Paik.

Lorenzer Altstadt | Klarissenplatz | U-Bahn: Hauptbahnhof | www.nmn. de | Di–Fr 10–20, Sa, So bis 18 Uhr | Eintritt 4 €, erm. 3 €, So 1 €

Schloss Neunhof   ⚓ nördl. C1

Ein kleines Stück außerhalb der Stadt erhebt sich am südlichen Rand des gleichnamigen Dorfes das einstige Patrizierschlösschen Neunhof. Es ist ein typisches Beispiel für einen Nürnberger **Herrensitz**, den sich die Patrizierfamilie Kreß von Kressenstein auf ihren Ländereien errichten ließ. Noch heute sind die Fensterläden in den Stadtfarben Rot und Weiß gestrichen. Das gegenwärtige Erscheinungsbild des Schlosses, das von einem Zwinger und einem Wassergraben samt Zugbrücke umgeben ist, datiert ins späte 15. Jh. Während die Untergeschosse aus massiven Sandsteinquadern bestehen, wurden die oberen Stockwerke als Fachwerkbau ausgeführt.

Neunhof | Neunhofer Schlossplatz 1–3 | Bus: Neunhof | www.gnm.de/depen dancen.html | Ostern–Sept. Sa, So 10– 17 Uhr | Eintritt 2 €, erm. 1,50 €

Schwurgerichtssaal 600 (Memorium Nürnberger Prozesse) B 2

Um die historische Bedeutung der Nürnberger Prozesse zu würdigen, wurde im Dachgeschoss des Nürnber-

ger Justizgebäudes direkt über dem **Schwurgerichtssaal 600** eine Erinnerungsstätte eingerichtet. Hier fanden von 1945 bis 1949 die Verfahren gegen die 24 Hauptkriegsverbrecher sowie die zwölf Nachfolgeprozesse statt. In der Ausstellung wird der Internationale Militärgerichtshof genauso ausführlich vorgestellt wie die Angeklagten und die ihnen zur Last gelegten Verbrechen. Texttafeln sowie Film- und Tonmaterial vermitteln einen lebendigen Eindruck vom damaligen Prozessgeschehen, das mit zwölf Todesurteilen endete.

Ein weiteres Thema der Ausstellung sind die Nachfolgeprozesse gegen insgesamt 177 führende Vertreter aus Wirtschaft, Justiz, Ärzteschaft und Militärverwaltung, von denen 18 Angeklagte hingerichtet wurden.

Hinweis: Der Schwurgerichtssaal 600 selbst kann nur an verhandlungsfreien Tagen besichtigt werden, da er noch

Auch ältere Besucher des Spielzeugmuseums (▶ S. 113) haben wohl nicht mehr mit Autos oder Puppen wie diesen gespielt, doch so manches Exponat wird Erinnerungen wecken …

heute von der Justiz genutzt wird (Führung jeweils sonntags um 14 Uhr).

Gostenhof | Fürther Str. 110 | U-Bahn: Bärenschanze | www.museen.nuernberg.de/prozesse | Eintritt 5 €, erm. 3 €

Spielzeugmuseum B 5

Nürnberg ist für seine Spielzeugindustrie weltberühmt. Im städtischen Spielzeugmuseum sind von der Puppenküche bis zur Modelleisenbahn nicht nur Spielsachen aus drei Jahrtausenden zu sehen, es wird auch versucht, die soziale und kulturelle Bedeutung von Spielen und Spielzeug aufzuzeigen.

Interessant sind nicht nur die verschiedenen Materialien vom Plüschteddy bis zum Blechspielzeug, sondern beispielsweise auch die Erkenntnisse über die bürgerliche Wohnkultur, die sich anhand der diversen Puppenhäuser aus der Biedermeier- oder Jugendstilzeit gewinnen lassen. Matchbox-Autos, Lego-Steine und Barbie-Puppen fehlen selbstverständlich auch nicht.

Sebalder Altstadt | Karlstr. 13–15 | Bus: Weintraubengasse | www.spielzeugmuseum-nuernberg.de | Di–Fr 10–17, Sa, So 10–18, zum Christkindlesmarkt auch Mo 10–17 Uhr | Eintritt 5 €, erm. 3 €

Stadtmuseum Fembohaus B 4

Einen eleganten Abriss der Stadtgeschichte und Einblicke in die reichsstädtische Wohnkultur vermittelt das Fembohaus – mit seiner prachtvollen Renaissancefassade ein Blickfang auf dem Weg zur Kaiserburg. In diesem Kaufmannshaus, dessen Name auf einen späteren Besitzer zurückgeht, wird der Besucher abwechslungsreich durch die nunmehr bald 1000-jährige Geschichte Nürnbergs geführt.

Mit dem Aufzug geht es zunächst in das Dachgeschoss, wo ein maßstabsgetreues hölzernes Stadtmodell (1:500) zu sehen ist. In einer Licht- und Toninszenierung werden im Rahmen eines virtuellen Stadtbummels zwölf markante Bauwerke vorgestellt, dann beginnt die Zeitreise durch die Stadtgeschichte.

Als mittelalterliche Kaiserstadt wird Nürnberg im dritten Stockwerk präsentiert, wobei auch ein Faksimile der berühmten Sigena-Urkunde aus dem Jahr 1050 nicht fehlt, in der Nürnberg erstmals erwähnt wurde. Weitere Räume widmen sich dem Aufstieg zur wohlhabenden Handels- und Gewerbestadt, aber auch der engen Bindung zum Kaiserhaus und der oligarchischen Führung durch den von Patriziern dominierten städtischen Rat.

Vom pompösen Lebensstil des gehobenen Bürgertums kündet eindrucksvoll das »Schöne Zimmer« mit der prächtigen **Kassettendecke** und seiner **Wandvertäfelung** im zweiten Stockwerk. Im Zeitalter der Reformation bekannte sich Nürnberg zum Protestantismus, die Wirren des Dreißigjährigen Krieges folgten. Den bewegenden Moment des 1649 in Nürnberg abgehaltenen Friedensexekutionskongresses hält Joachim von Sandrarts großformatiges Gemälde »Das Friedensmahl« fest. Einschneidende Veränderungen erlebte Nürnberg 1806 durch den Verlust seiner reichsstädtischen Selbstständigkeit, die mit der Degradierung zu einer bayerischen Provinzstadt einherging.

Sebalder Altstadt | Burgstr. 15 | Bus: Burgstraße | www.museen.nuernberg.de/fembohaus | Di–Fr 10–17, Sa, So 10–18, im Dez. auch Mo 10–17 Uhr | Eintritt 5 €, erm. 3 €, Noricama (Multivision) 2 €

DIE KLASSISCHE TOUR
DURCH DIE ALTSTADT

Ein diagonaler Streifzug durch das gesamte Zentrum bis hinauf zur Kaiserburg. Anschließend geht es vom höchsten Punkt der Altstadt wieder hinunter durch ein paar Fachwerkgassen über die Pegnitz bis zum Germanischen Nationalmuseum. Bei dieser gemütlichen Altstadtrunde kommt man an fast allen bedeutenden Sehenswürdigkeiten Nürnbergs vorbei. Ganz nebenbei kann man noch herrlich shoppen gehen. Zudem bietet es sich an, den Rundgang auch um einen kulinarischen Streifzug zu ergänzen.

◄ Nach dem Krieg restaurierte Fachwerkhäuser in der Weißgerbergasse (► S. 66).

START Nürnberger Hauptbahnhof
ENDE Germanisches National-
museum
LÄNGE 4 Kilometer

Der Nürnberger **Hauptbahnhof**, ein
wuchtiges neubarockes Gebäude aus
hellem Muschelkalk, wurde direkt vor
der Stadtmauer errichtet, sodass man
von dort ohne Umwege zur Erkundung
der Altstadt aufbrechen kann.

Durch die Königstraße zur Lorenzkirche

Durch eine unterirdische Passage geht
es zum Königstor. Linker Hand erhebt
sich der mächtige Königstorturm mit
dem dahinterliegenden **Handwerkerhof**, während auf der rechten Seite die
Tourist Information in einem modernen Glaskubus vor dem **Künstlerhaus
K4** untergebracht ist. Dieses Kultur-
und Kommunikationszentrum ging
aus dem ehemaligen KOMM hervor,
das bundesweit für Schlagzeilen sorgte,
als am 5. März 1981 an diesem Ort die
größte Massenverhaftung in der Geschichte der Bundesrepublik stattfand.
Damals wurden 164 meist jugendliche
Personen willkürlich festgenommen
und mehrere Tage arrestiert, nur weil
am selben Abend bei einer Demonstration durch die Nürnberger Innenstadt
mehrere Schaufensterscheiben zu Bruch
gegangen waren. Ein Großteil der Fest-
genommenen hatte nicht einmal an der
Demonstration teilgenommen.
Über die **Königstraße** gelangt man direkt zur Lorenzkirche, wobei sich hier
noch zwei Abstecher anbieten: Durch

eine schmale Gasse kann man linker
Hand die Glasfassade des **Neuen Museums** 🟥 entdecken. Dieses besitzt
nicht nur eine interessante Sammlung
aus den Bereichen Design und moder-
ner Kunst, sondern ist auch ein architektonisch äußerst anspruchsvoller Bau.
Schön sind auch die nächtliche Be-
leuchtung und der große vorgelagerte
Platz. Ein wenig versteckt an der rechten Seite der Königstraße erhebt sich
die **Marthakirche** mit ihren schönen
Glasfenstern auf Hausnummer 79.
Hat man die **Mauthalle**, ein imposan-
tes spätmittelalterliches Kornhaus mit
vielen Dachgauben, das einstmals die
Getreideversorgung der Reichsstadt
gewährleistete, passiert, befindet man
sich nicht nur in der Fußgängerzone,
sondern auch in Sichtweite der **Lorenzkirche** 🟥, die zu Recht als eine der
schönsten und größten gotischen Kirchen Süddeutschlands gerühmt wird.
Das Gotteshaus ist das geistige Zentrum
der einst vor allem von Handwerkern
bewohnten Lorenzer Altstadt. Imposant
ist die Fensterrosette an der Westfassade, im Inneren begeistern der »Englische Gruß« von Veit Stoß und das Sakramentshäuschen von Adam Kraft.

Nürnbergs schöne Stube

Der Platz vor der Fassade geht in die
breite **Karolinenstraße** über, die schon
im Mittelalter als Straßenmarkt diente
und heute als die teuerste Adresse in der
Fußgängerzone gilt. In unmittelbarer
Nachbarschaft der Lorenzkirche steht
der **Tugendbrunnen**, ein von Benedikt
Wurzelbauer geschaffenes Meisterwerk
der Spätrenaissance, das ehedem die
Trinkwasserversorgung der Lorenzer
Altstadt sicherte. Zwischen **Nassauer**

Haus und dem Tugendbrunnen hindurch eröffnet sich ein grandioser Blick auf die Nürnberger Kaiserburg, die sich in ihrer ganzen Breite auf dem Burgberg präsentiert. Ein wenig bergab geht es hinunter zur Pegnitz, die die Lorenzer von der Sebalder Altstadt trennt.

Von der Museumsbrücke ist es nur noch ein Steinwurf bis zu dem über einem Pegnitzarm errichteten **Heilig-Geist-Spital**, anschließend führt der Weg direkt zum **Hauptmarkt** 🔴, auf dem alljährlich vier Wochen lang der weltberühmte Nürnberger Christkindlesmarkt stattfindet. Der Platz wird aber auch für andere Veranstaltungen genutzt, so wird hier Anfang August die Hauptbühne des Bardentreffens aufgebaut. Werktags findet in Nürnbergs schöner Stube ein bunter Wochenmarkt statt, auf dem im Frühsommer auch der leckere Spargel aus dem Knoblauchsland angeboten wird.

Das Männleinlaufen um 12 Uhr

Die Ostseite des annähernd quadratischen Marktplatzes wird von der spätgotischen Fassade der **Frauenkirche** mit dem Uhrwerk, dem sogenannten »Männleinlaufen«, dominiert. Sollten Sie zufällig um die Mittagszeit am Hauptmarkt sein, dann erwartet Sie eine besondere Attraktion: Pünktlich um 12 Uhr öffnet sich eine Tür am Giebel über der Empore der spätgotischen Kirche, und die sieben Kurfürsten verneigen sich vor Kaiser Karl IV.

Sehenswert ist außerdem der an eine gotische Kirchturmspitze erinnernde **Schöne Brunnen**. In seinem Gitter sind zwei drehbare Messingringe eingearbeitet, deren Drehen Glück bringen soll. Ein Betonmantel verhinderte

übrigens, dass der Brunnen im Zweiten Weltkrieg den Bomben zum Opfer fiel. An der Nordseite des Hauptmarktes erhebt sich der mächtige Komplex des Nürnberger **Rathauses** mit den unterirdischen **Lochgefängnissen**, die vom Schrecken mittelalterlicher Strafgerichtsbarkeit berichten. Das Rathaus selbst besitzt eine imposante Spätrenaissancefassade, die mit ihren drei Portalen nicht zufällig an einen italienischen Stadtpalast erinnert. Auf der anderen Seite reicht der spätgotische Chor der **Sebalduskirche** fast bis ans Hauptportal des Rathauses heran. Direkt unterhalb der Kirche befindet sich das Bratwursthäusle. Nicht nur wegen seiner großen Terrasse ist das traditionsreiche Lokal ein idealer Ort, um einmal Sechs auf Kraut zu probieren.

Wer zwischen Rathaus und Sebalduskirche den Burgberg hinaufblickt, der erkennt bereits die Kaiserstallung sowie die Fassade des Fembohauses. Das prächtige Renaissancehaus birgt das **Stadtmuseum**, das einen einzigartigen Einblick in Nürnbergs Geschichte und die großbürgerliche Wohnkultur des Barockzeitalters gewährt. In einem Kinosaal im Erdgeschoss wirft die Multivisionsschau »Noricama« einen knapp einstündigen Blick auf die Historie der Stadt, wobei berühmte Persönlichkeiten über das Leben in ihrer Zeit berichten. Entlang der **Burgstraße** geht es jetzt steil hinauf zu einem mächtigen Sandsteinfelsen, der für den Bau einer Burg wie geschaffen scheint. Zwei Türme – rechts der Luginsland, links der Fünfeckturm – rahmen ein mächtiges Gebäude ein: Die 1495 als städtisches Kornhaus errichtete **Kaiserstallung** beherbergt die unlängst renovierte Jugendherberge, die als eine der schönsten in ganz Deutschland gilt.

Burgbesichtigung

Je nach Zeit, Lust und Laune bietet sich nun ein Besuch der **Kaiserburg** 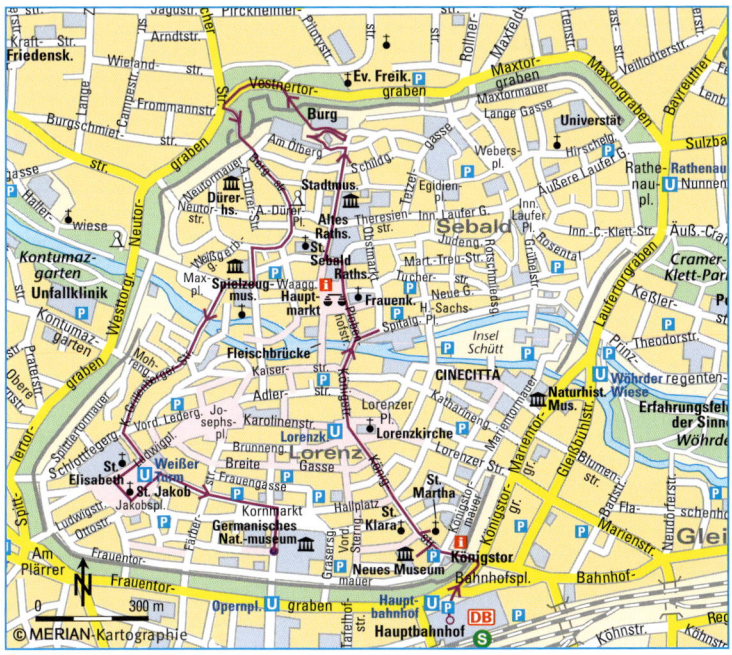 an. Keineswegs versäumen sollte man den Weg zum zentralen Burghof der **Freiung**, wo man den Blick über die Nürnberger Dächerlandschaft schweifen lassen kann. Oben auf der Burg angelangt, hat man die Möglichkeit, den Palas, die romanische Doppelkapelle, den Tiefen Brunnen sowie den Sinwellturm zu besichtigen. Interessant ist auch das **Kaiserburgmuseum**, das eine stattliche Waffensammlung mit historischen Rüstungen, Reitsätteln, Schilden, Steigbügeln und einer Sturmleiter besitzt, aber

auch den Wandel hin zu einer Kriegsführung, die sich verstärkt auf Feuerwaffen stützte, veranschaulicht.

Anschließend geht es durch das Steintor der Burggrafenburg zur nördlichen Wehrmauer, wo der angebliche Hufabdruck des Raubritters Eppelein von Gailingen noch im Sandstein zu erkennen ist. Der Legende nach sprang der Ritter, kurz bevor er gehängt werden sollte, mit seinem Pferd auf die Mauer und von dort über den Graben in die Freiheit. Ein hölzernes Tor führt in den **Burggarten**, der direkt auf den Festungsbastionen angelegt wurde und sich fast bis hinunter zur Pegnitz erstreckt. Eine kleine Oase inmitten der Stadt!

Nach einem entspannenden Bummel durch den Garten, bei dem man auch

27 Rundpfeiler aus weißem Beton bilden die 1993 eröffnete »Straße der Menschenrechte«, ein Werk von Dani Karavan vor dem Germanischen Nationalmuseum (▶ MERIAN TopTen, S. 107).

die eindrucksvollen Dimensionen der Befestigung betrachten kann, geht es wieder durch das Steintor der Burggrafenburg. Nun verlassen wir die Burg durch einen langen abfallenden Wehrgang, der in eine Brücke mündet, die uns auf die andere Seite des Stadtgrabens leitet. Wir umrunden die gezackten Bastionen, die die Burg nach Norden hin absicherten, um gleich darauf wieder durch das **Tiergärtnertor** in die Altstadt hineinzugehen. Ursprünglich führte die Fernhandelsstraße nach Frankfurt direkt durch den quadratischen Torturm (13. Jh.), doch infolge des zunehmenden Verkehrs wurde im 16. Jh. direkt daneben ein neues Tor gebaut und der alte Zugang zugemauert. Der **Tiergärtnertorplatz** 🔟 gehört zu den Vierteln der Nürnberger Altstadt, in denen noch zahlreiche spätmittelalterliche Fachwerkhäuser zu bewundern sind, etwa das schmucke spätgotische **Pilatushaus**. Direkt am Tiergärtnertorplatz, wo es einige nette Cafés und Restaurants gibt, steht auch das **Albrecht-Dürer-Haus** sowie eine moderne Bronzeskulptur, die mit Dürers Hasenmotiv spielt. Die **Bergstraße**, in der man mehrere Boutiquen, aber auch ein

Antiquariat und zwei Lebkuchenge- schäfte findet, führt zum **Albrecht-Dürer-Denkmal**, neben dem sich der Eingang zu den **Felsengängen** ver- steckt. Die Bergstraße öffnet sich zu ei- nem Platz, auf dem sich ehedem der Friedhof der Sebalduskirche befand.

Rechter Hand zweigt beim Sebalder Pfarrhof mit seinem schmucken mittel- alterlichen Chörlein die **Füll** ab, die zu den wenigen Kopfsteinpflastergassen gehört, die es noch in der Altstadt gibt.

Brücken und Stege

Am Ende der Straße (Füll) geht es links ein paar Treppen zum **Weinmarkt** hin- unter. Hier am Weinmarkt finden Sie nicht nur Nürnbergs Sternetempel, das Essigbrätlein, sondern auch interessan- te kleine Geschäfte wie Weinkost Auch sowie eine Reihe von auf Schuhe und Taschen spezialisierte Boutiquen.

Wer Fachwerk liebt, sollte noch einen kleinen Umweg zur pittoresken Weiß- gergergasse auf sich nehmen. Nur ei- nen Steinwurf weit vom Weinmarkt entfernt ist das **Spielzeugmuseum** in der Karlstraße, das im Sommer auch mit einem Garten und Café lockt. Nach dem Museum biegen wir rechter Hand ab, anschließend sofort wieder links und gelangen zum malerischen **Wein- stadel**, der sich direkt am Ufer erhebt. Der als Sondersiechenhaus errichtete spätmittelalterliche Fachwerkbau be- herbergt heute ein Studentenwohn- heim. Hinter dem Weinstadel ist noch ein Turm (**Wasserturm**) zu sehen, der wie der bekanntere Weiße Turm von der vorletzten Stadtmauer zeugt.

Der **Henkersteg** verbindet die Loren- zer Altstadt mit einer Pegnitzinsel, auf der sich auch der **Henkerturm**, der in-

zwischen als Museum genutzt wird, erhebt. Auf der anderen Seite der Max- brücke sieht man den **Kettensteg**, eine Metallkonstruktion für Fußgänger aus dem frühen Industriezeitalter.

Wo Kaspar Hauser auftauchte

Auf dem gegenüberliegenden Pegnitz- ufer befindet sich das als mächtiges Kornhaus errichtete Unschlitthaus, in dessen Nachbarschaft 1828 der rätsel- hafte Kaspar Hauser aufgetaucht ist. Hier am **Unschlittplatz** gibt es noch ein schönes Fachwerkensemble zu sehen. Jetzt geht es rechter Hand die Straße hinauf in Richtung Weißer Turm.

Die Karl-Grillenberger-Straße, die an den Verlauf der vorletzten Stadtmauer erinnert, führt zur **Elisabethkirche** mit ihrer weithin sichtbaren Kuppel, die ei- nes der wenigen klassizistischen Bau- werke in Nürnberg ist. Zusammen mit der **Jakobskirche** vis-à-vis gehörte sie einst dem Deutschen Orden und bilde- te eine katholische Enklave in der pro- testantischen Stadt.

Wir lassen den **Weißen Turm** – ein ehemaliges Stadttor mit Barbakane – links liegen und gehen entlang der Dr.-Kurt-Schumacher-Straße zum **Ger- manischen Nationalmuseum** ⭐, das man durch die »Straße der Menschen- rechte« erreicht. Der Bildhauer Dani Karavan gestaltete diese Außenskulp- tur in der Kartäusergasse, die als Klage gegen die NS-Verbrechen zu verstehen ist, aber ebenso auf heutige Menschen- rechtsverletzungen verweist. Wer sich jetzt nicht groß für Kunst und Kultur interessiert, kann auch einen Abstecher in die Fußgängerzone unternehmen. Und zurück zum Hauptbahnhof ist es nur noch ein Katzensprung.

DAS UMLAND
ERKUNDEN

Von Burg Neideck (▶ S. 132) schweift der Blick
ins Wiesenttal in der Fränkischen Schweiz.

FÜRTH – HÖCHSTE DENKMALSDICHTE BAYERNS

CHARAKTERISTIK: Nürnberg und Fürth sind längst zu einem einzigen Ballungsraum zusammengewachsen, sodass die Stadtgrenzen immer mehr verwischen. Fürth ist vor allem für seine jüdische Vergangenheit bekannt **ANFAHRT:** Fürth liegt westlich von Nürnberg und ist bequem mit öffentlichen Verkehrsmitteln (U-Bahn Linie 1) bzw. über den Frankenschnellweg zu erreichen **DAUER:** halber Tag **EINKEHRTIPP:** zahlreiche Cafés und Restaurants in der Innenstadt; kulinarische Höhenflüge bietet die Kupferpfanne (Königstr. 85, Tel. 09 11/77 12 77, €€€) **KARTE: S. 123 und S. 131, b 4**

Seit jeher steht Fürth im Schatten von Nürnberg, der »großen Schwesterstadt«. Doch gibt es keinen Grund, sich zu verstecken, denn Fürth hat die größte »Denkmalsdichte« aller bayerischen Städte. Nirgendwo sonst im Freistaat gibt es mehr Denkmäler pro Einwohner! Während in Nürnberg Gotik und Renaissance und in Erlangen der Barock die vorherrschenden Baustile sind, besitzt die »Kleeblattstadt« Fürth insbesondere entlang der Hornschuchpromenade und der Königswarterstraße zahlreiche hochherrschaftliche Häuser mit kunstvollem Jugendstil- und Neubarockdekor. Eindrucksvoll sind auch das prachtvolle **Stadttheater** sowie das nach dem Vorbild des Florentiner Palazzo Vecchio errichtete **Rathaus** mit seinem 55 m hohen Turm.

Relikte der Industrialisierung

Doch Fürth – der Name »Kleeblattstadt« leitet sich vom Stadtwappen her, das ein dreiblättriges Kleeblatt zeigt – hat viele Gesichter: Nur ein paar hundert Meter vom Rathaus entfernt erinnern noch dunkle, rußgeschwärzte Straßenzüge an die Frühzeit der Industrialisierung, als Fürth einer der gewer-befleißigsten Orte ganz Deutschlands war und seinerzeit als »Stadt der tausend Schlote« gerühmt wurde.

Am ursprünglichsten zeigt sich Fürth aber im **Altstadtviertel** rund um die **St.-Michael-Kirche**, deren älteste Teile noch aus dem 11. Jh. stammen. Der wuchtige Wehrturm diente in Krisenzeiten als letzter Rückzugshort. Erinnerungen an längst vergangene Epochen wecken die verwinkelte Straßenführung und die zahlreichen Hinterhöfe in der Altstadt. Charakteristisch für Fürth präsentiert sich vor allem die **Gustavstraße** mit ihren schiefergedeckten Häusern und zahlreichen Kneipen.

Jüdisches Leben in Fürth

Das **Jüdische Museum Franken** dokumentiert die einstige Bedeutung der bis zu 3300 Bürger umfassenden jüdischen Gemeinde und gibt Einblicke in ihre Glaubenswelt. Im Keller kann man zudem ein jüdisches Ritualbad (Mikwe) besichtigen (Königstr. 89; www.juedisches-museum.org; Di 10–20, Mi–So 10–17 Uhr; Eintritt 3 €, erm. 2 €).

Im 19. Jh. erlebte Fürth einen großen wirtschaftlichen Aufschwung, der Lokalpatrioten zu der Behauptung Anlass gibt, 1835 sei mit der Adler-Lokomotive die erste Eisenbahn nicht zwischen Nürnberg und Fürth, sondern »zur Fürther Freiheit« gefahren. Entlang der einstigen Eisenbahntrasse stehen heute die Prachtbauten der Gründerzeit.

Stadt- und Rundfunkmuseum

Wen wundert es da noch, dass auch Ludwig Erhard (1897–1977) aus Fürth stammt? Geradezu selbstverständlich ist es somit, dass heute das **Stadtmuseum** den Namen Erhards trägt. Es ist im Erdgeschoss einer ehemaligen Schule, in der neben dem Wirtschaftswunderminister auch bereits Gustav Schickedanz

die Schulbank gedrückt hatte, untergebracht (Ottostr. 2; www.stadtmuseum-ludwig-erhard.de; Di–Do, So 10–16, Sa 13–16 Uhr; Eintritt 3 €, erm. 2 €).

Das in der Alten Direktion von Grundig untergebrachte **Rundfunkmuseum** zeigt vom Dampfradio bis zum »Volksempfänger« die Entwicklung des Rundfunkwesens in den Jahren zwischen 1923 und 1965. Wer will, kann an einem alten Detektorapparat oder einem »Heinzelmann« selbst auf Sendersuche gehen (Kurgartenstr. 37; www.rundfunkmuseum.fuerth.de; Di–Do 12–17, Sa, So 10–17, 1. Do im Monat bis 22 Uhr; Eintritt 4 €, erm. 3 €).

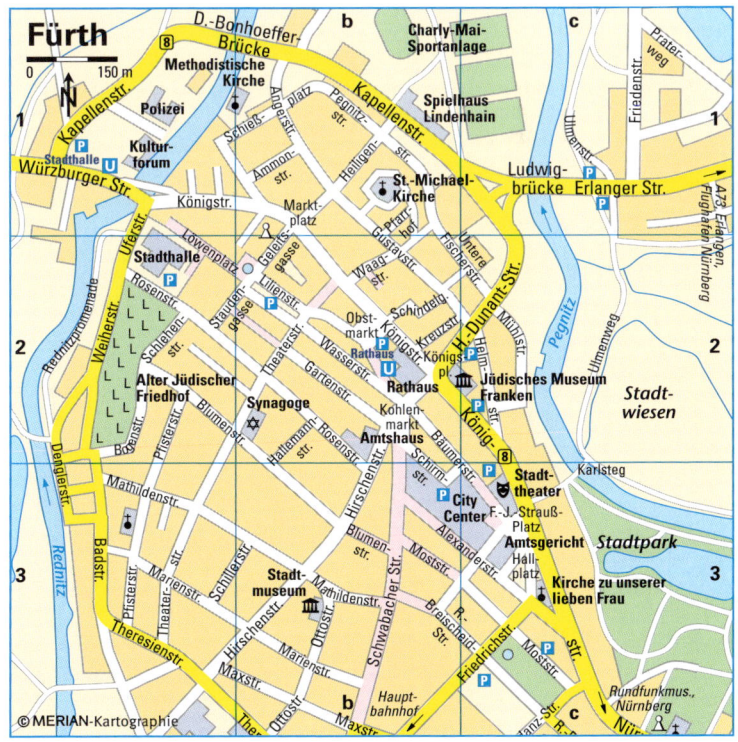

BAROCKES ERLANGEN

CHARAKTERISTIK: Spaziergang durch die Universitätsstadt Erlangen mit ihrem barocken Glanz samt großzügigem Schlossgarten **ANFAHRT:** Erlangen liegt 15 km nördlich von Nürnberg und ist bequem mit öffentlichen Verkehrsmitteln (Regionalbahn R2 oder Bus 30) bzw. mit dem Auto über die A73 oder die B4 zu erreichen **DAUER:** halber Tag **EINKEHRTIPP:** zahlreiche Cafés und Restaurants in der Innenstadt; das moderne Bistro Sax gefällt nicht nur wegen seiner sonnigen Terrasse (Am Schlossplatz 6, Tel. 0 91 31/9 08 84 40)
KARTE: S. 125 und S. 131, b 3

Die barocke Planstadt Erlangen hinterlässt mit ihrem Schloss, dessen Orangerie und dem Schlossgarten bis heute einen prunkvollen Eindruck. Schattenlos verlaufen die Straßen in der Altstadt, einzig und allein ihren geometrischen Gesetzen folgend.

Keine Frage: In Erlangen triumphiert der rechte Winkel. Um die heimische Wirtschaft zu beleben, siedelte der Markgraf aus Frankreich vertriebene Hugenotten an. Binnen weniger Jahrzehnte entstand eine barocke Planstadt namens »Neu Erlang«, errichtet auf streng geometrischem Grundriss. Das mittelalterliche Erlangen, das bereits unter den Verwüstungen des Dreißigjährigen Krieges gelitten hatte, fiel 1706 den Flammen eines Großbrandes zum Opfer, sodass fortan der ganze Ort in barockem Glanz erstrahlte.

Stadt der Studenten

Die bestimmenden Faktoren im Stadtleben sind bis heute der Siemens-Konzern und die 1743 gegründete **Friedrich-Alexander-Universität** mit ihren 26 000 Studierenden. Während also im Zentrum von Erlangen das studentische Leben pulsiert, herrscht in den Vororten ein eher nüchternes technokratisches Ambiente.

Die Orientierung ist einfach, das barocke Zentrum ist leicht zu überschauen. An exponierter Stelle mit vorgelagertem Platz befindet sich das nach Plänen von Antonio della Porta ab dem Jahr 1700 errichtete **Markgräfliche Schloss**, an dessen Rückseite der 280 m breite und 550 m lange Schlossgarten grenzt. Er wurde gleichzeitig mit dem Schloss angelegt und 1786 in eine englische Gartenanlage umgewandelt. Von dem ehemaligen Reichtum an steinernen Parkfiguren blieben nur der Hugenottenbrunnen und das markgräfliche Reiterdenkmal erhalten.

Die **Orangerie** aus dem frühen 18. Jh., eine halbovale Anlage mit je einem Flügel und Mansardendach, gilt vielen als der am schönsten proportionierte Barockbau Erlangens. Die **Hugenottenkirche** mit ihrem gestuften Walmdach ist ein ungewöhnlicher Zentralbau, der an einen Betsaal erinnert und vom calvinistischen Geist zeugt.

Reizvoll ist auch ein Besuch des äußerlich unscheinbaren **Markgrafentheaters** (Theaterplatz 2). Das älteste noch bespielte Rokoko-Bühnenhaus in Süddeutschland wurde in den Jahren 1715 bis 1719 unter Markgraf Georg Wilhelm als »Hochfürstliches Opern- und

Comödienhaus« im Stil des italienischen Operntheaters erbaut.

Über die Geschichte Erlangens informiert das **Stadtmuseum**, das im barocken Altstädter Rathaus untergebracht ist. Auf ansprechende Weise werden hier Einblicke in die 2000-jährige Lokalhistorie vermittelt. Außerdem sind interessante Wechselausstellungen zu Geschichte und Kunst zu sehen (Martin-Luther-Platz 8–9; Di, Mi 9–17, Do 9–13, 17–20, Fr 9–13, Sa, So 11–17 Uhr; Eintritt 3 €, erm. 1,50 €).

Wer sich für exotische Pflanzen interessiert, sollte den **Botanischen Garten** mit dem Canarengewächshaus besuchen, der nördlich an den Schlossgarten angrenzt (Loschgestr. 3; tgl. 8–16, Juni–Aug. bis 17.30 Uhr, Gewächshäuser Di–So 9.30–15.30 Uhr; Eintritt frei).

Die Bergkirchweih

Besonders hoch her geht es alljährlich zur Pfingstzeit, wenn im Norden der Stadt die **Erlanger Bergkirchweih** gefeiert wird. Sie gilt unter den Einheimischen als fünfte Jahreszeit. Jedes Jahr ab dem Donnerstag vor Pfingsten pilgert dann ganz Erlangen zwölf Tage lang auf den »Berg«, wie die Kirchweih im Volksmund genannt wird, um sich unter den schattigen Bäumen bei den Felsenkellern zu amüsieren.

BAMBERG – DAS »FRÄNKISCHE ROM«

CHARAKTERISTIK: Gemütlicher Stadtspaziergang durch Bamberg mit Besuch des Doms und anderer bedeutender Sehenswürdigkeiten **ANFAHRT:** Über die A 73 in einer knappen Stunde mit dem Auto zu erreichen. Häufige Zugverbindungen mit Nürnberg, der Bahnhof befindet sich nur wenige Fußminuten östlich der Altstadt **DAUER:** Tagesausflug **EINKEHRTIPPS:** Hofbräu, stimmungsvolle Räumlichkeiten, saisonale fränkische Küche mit internationalem Einschlag, große Straßenterrasse (Karolinenstr. 7, Tel. 09 51/5 33 21, www.hofbraeu-bamberg.de, €€) | Schlenkerla, nicht nur in Bamberg ist die traditionsreiche Brauereigaststätte für ihr Rauchbier bekannt (Dominikanerstr. 6, Tel. 09 51/5 60 60, www.schlenkerla.de, Di geschl., €€) **KARTE: S. 127 und S. 131, a 2**

Die Lage auf den sieben Hügeln, das einzige Papstgrab nördlich der Alpen und ein im Alltag der Menschen tief verwurzeltes religiöses Leben – dies alles hat den Vergleich mit der Ewigen Stadt entstehen lassen und Bamberg seinen Beinamen »fränkisches Rom« eingebracht. Angefangen vom Dom bis hin zur fürstbischöflichen Residenz und dem auf einer Regnitzinsel thronenden **Alten Rathaus** verfügt die traditionsreiche Bischofsstadt über eine Vielzahl herausragender Bauten und Kulturdenkmäler, von der Romanik über die Gotik bis hin zur Renaissance und zum Barock. Diese ungemeine Fülle an gut erhaltenen historischen Bauensembles sucht in Deutschland seinesgleichen. Diesen Umstand hat auch die UNESCO gewürdigt, indem sie Bamberg 1993 als einen der ersten deutschen Orte in die Liste des Weltkulturerbes aufgenommen hat.

Der romanische Kaiserdom

Unumstrittenes Wahrzeichen der Stadt ist der **Dom**. Eingerahmt von vier fast filigran anmutenden Türmen, atmet die in ihrer heutigen Gestalt zwischen 1215 und 1237 errichtete Bischofskirche in nahezu idealtypischer Weise den Geist romanischer Baukunst. Das Innere ist, nachdem die barocken Zutaten im 19. Jh. wieder entfernt worden waren, wohltuend schlicht und birgt mit dem **Bamberger Reiter** nicht nur die wohl berühmteste mittelalterliche Plastik Deutschlands, sondern auch die Grabmäler von Papst Clemens II. sowie Kaiser Heinrich II. und seiner Gemahlin Kunigunde. Bemerkenswert sind vor allem auch die fein gearbeiteten Portale, vor allem das Fürstenportal an der nördlichen Langhausseite, das von Säulen und einem Tympanon eingerahmt wird, sowie die Adams-, Gnaden- oder Marienpforte.

Das Prädikat »unbedingt sehenswert« verdienen aber auch die **Alte Hofhaltung** – sie beherbergt das Historische Museum Bamberg – sowie die von Johann Leonhard Dientzenhofer errichtete **Neue Residenz** der Fürstbischöfe (tgl. 9–18, Okt.–März nur bis 16 Uhr; Eintritt 4,50 €, erm. 3,50 €). Unter der Vielzahl an Museen und Gedenkstätten Bambergs stechen weiter das **Diözesanmuseum** und das **E.T.A.-Hoffmann-Haus** hervor.

Architektonische Vielfalt

Aber abgesehen von den bedeutenden Sakralbauten sowie den imposanten Bürger- und Adelspalästen bergen die abschüssigen Bamberger Gassen immer wieder interessante kunsthistorische Details: Dort bemerkt man ein gotisches Portal, da einen ausladenden barocken Balkon neben einem grazilen Zierfachwerkgiebel, zwei Straßenzüge weiter erkennt man ein verspieltes Dekor im Stil des Neurokoko. Eine malerische Häuserzeile am Ufer der Regnitz wird gar als »Klein-Venedig« gerühmt. Glücklicherweise ist die Stadt Bamberg aber nicht zu einem überdimensionalen Freilichtmuseum geworden. Die verkehrsberuhigten Gassen und die Kneipen im Zentrum sind stets mit Leben erfüllt, und wenn Ende August das farbenprächtige traditionelle Volksfest der »Sandkärwa« (Sandkirchweih) gefeiert wird, sind nicht nur die Einheimischen zahlreich auf den Beinen.

Kultur und Gerstensaft

Bamberg ist außerdem auch eine Stadt der Kultur und des Bieres. Die Bamberger Symphoniker gehören zu den renommiertesten Orchestern der Welt, und die **Calderón-Spiele** in der Alten Hofhaltung sind während der Sommermonate ein weiterer Zuschauermagnet. Und was die Vielzahl an Brauereien anbetrifft, so gibt es Leute, die augenzwinkernd behaupten, Bamberg werde von drei Strömen durchflossen – vom rechten Arm der Regnitz, vom linken Arm der Regnitz und vom Bier.

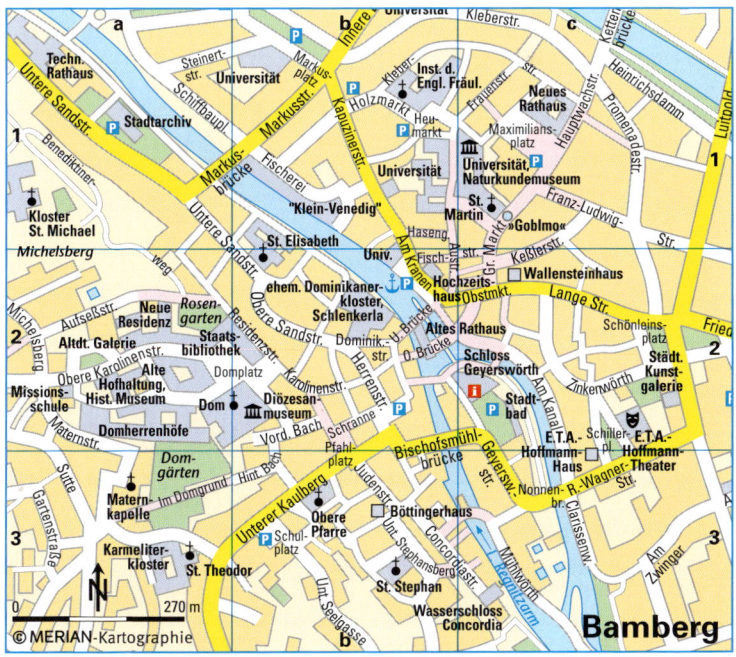

BAYREUTH – WAGNERSCHER POMP

CHARAKTERISTIK: Auf den Spuren der Markgrafen geht es durch Bayreuth mit einem Besuch des Opernhauses und des Neuen Schlosses **ANFAHRT:** Über die A 9 von Nürnberg aus in einer knappen Stunde zu erreichen (Richtung Berlin bis Ausfahrt Bayreuth Süd). Es bestehen häufige Zugverbindungen nach Nürnberg, der Bayreuther Bahnhof liegt zehn Fußminuten nördlich der Altstadt **DAUER:** Tagesausflug **EINKEHR- UND ÜBERNACHTUNGSTIPPS:** Goldener Anker, traditionsreiche Herberge mit anspruchsvollem Restaurant (Opernstr. 6, Tel. 09 21/6 50 51, www.anker-bayreuth.de, €€€) | Braunbierhaus, zünftige Brauereigaststätte (Kanzleistr. 15, Tel. 09 21/5 07 06 44, €)
KARTE: S. 129 und S. 131, c 1

Keine Frage: Bayreuth besitzt einen klingenden Namen. Seit im Jahr 1872 der Grundstein für das **Festspielhaus** auf dem Grünen Hügel gelegt wurde, pilgern Wagnerianer aus der gesamten Welt im Sommer nach Oberfranken. Die Prominenz aus Politik, Wirtschaft und Kultur strömt alljährlich in Scharen herbei, allen voran auch Bundeskanzlerin Angela Merkel. Für den Rest des Jahres müssen die Wagnerverehrer mit einem Besuch der **Villa Wahnfried** vorliebnehmen, einem Neorenaissancebau, den Wagner seit 1874 zusammen mit seiner Familie bewohnte (Richard-Wagner-Str. 48; bis 2015 wegen Renovierung geschl.).

Nur einen Steinwurf von der Villa Wahnfried entfernt steht das **Sterbehaus von Franz Liszt**. Im Erdgeschoss wurde 1993 ein Museum eingerichtet, das über Leben und Werk von Wagners Förderer und Schwiegervater informiert (Wahnfriedstr. 9; tgl. 10–12, 14–17, Juli, Aug. 10–17 Uhr; Eintritt 2 €, erm. 1 €). Genau genommen reicht Bayreuths Tradition als Stadt der Musik bis in das 18. Jh. zurück, als Markgräfin Wilhelmine 1748 das **Markgräfliche Opern-**
haus, eines der prächtigsten barocken Musiktheater der Welt, errichten ließ (Opernstr. 14; April–Sept. tgl. 9–18, Okt.–März tgl. 10–16 Uhr; Eintritt 5 €, erm. 4 €). Eine Besichtigung des 2012 zum UNESCO-Welterbe ernannten Opernhauses ist nur eingeschränkt möglich, da es derzeit restauriert wird. Der Lieblingsschwester von Friedrich dem Großen verdankt Bayreuth auch die prächtige Ausstattung des Neuen Schlosses und die Errichtung der vor den Toren der Stadt gelegenen Eremitage – beides eindrucksvolle Zeugnisse barocker Lebensfreude.

Rokoko in Oberfranken

Das **Neue Schloss** ist ein lang gestreckter Bau mit frühklassizistischer Fassade. Die bestens erhaltenen Innenräume, darunter z. B. das Palmenzimmer, gewähren eine gute Vorstellung von der Anmut des »Bayreuther Rokoko«. Für die Ausstattung einer künstlichen Grotte, die in früherer Zeit als Erfrischungsraum diente, ließ der Architekt eigens Bergkristalle und Muscheln aus der Karibik herbeischaffen (April–Sept. tgl. 9–18, Okt.–März tgl. 10–16 Uhr; Eintritt 5,50 €, erm. 4,50 €). Direkt an das Schloss grenzt der **Hofgarten** an, ein schattiges Areal, das sich für einen erholsamen Spaziergang anbietet.

Bayreuth steht zwar in erster Linie für Wagner und markgräflichen Barock, doch könnte man die Stadt aufgrund von mehr als einem Dutzend Museen auch als fränkische Museumsmetropole bezeichnen. Neben der Villa Wahnfried, dem Jean-Paul-Museum, dem Franz-Liszt-Museum und einem Stadtmuseum gibt es noch ein Kunstmuseum, ein Freimaurermuseum, ein Brauereimuseum, ein Urwelt-Museum, ein Museum für historische Schreibmaschinen sowie ein Feuerwehr- und ein Plakatmuseum.

Romantische Parkanlage

Zum krönenden Abschluss eines Ausflugs nach Bayreuth empfiehlt sich die Besichtigung der ein paar Kilometer östlich der Stadt gelegenen **Eremitage** (April–Mitte Okt. tgl. 9–18 Uhr; Eintritt 4,50 €, erm. 3,50 €). Mit ihren zwei Sommerschlössern und einem sentimentalen Landschaftsgarten mitsamt Ruinentheater versinnbildlicht die Eremitage den Übergang vom höfischen Rokoko zur Empfindsamkeit der Romantik. Besonders sehenswert ist das verspielte Neue Schloss, das sich Markgräfin Wilhelmine 1753 von ihrem Hofbaumeister Joseph Saint-Pierre erbauen ließ und dessen Zentrum von einem Sonnentempel beherrscht wird. Die Freilichtbühne erlebte 1743 eine Aufführung der ganz besonderen Art: Wilhelmine debütierte in Racines Tragödie »Bajazet« in der Rolle der Roxane, den männlichen Gegenpart spielte kein Geringerer als Voltaire.

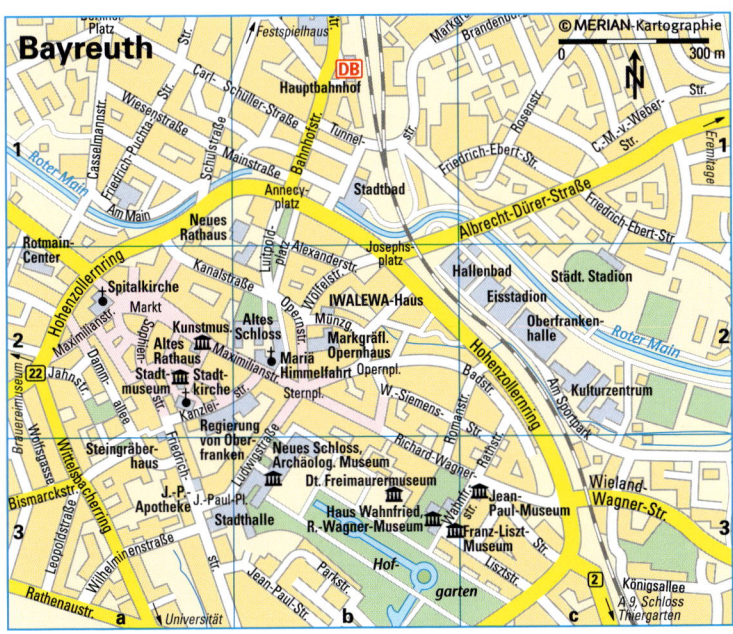

FRÄNKISCHE SCHWEIZ –
WIEGE DER ROMANTIK

CHARAKTERISTIK: Eine Fahrt durch die Fränkische Schweiz lässt fast alle Herzen höher schlagen: eine urwüchsige Landschaft mit mächtigen Dolomitfelsen, vielen Flüssen, karstigen Höhlen und romantischen Städtchen **ANFAHRT:** Die Fränkische Schweiz erreicht man entweder über Gräfenberg (B 2) oder über Forchheim (A 73) und Ebermannstadt (B 85) **DAUER:** Tagesausflug **EINKEHR- UND ÜBERNACHTUNGSTIPP:** Muggendorf, Hotel Feiler (Oberer Markt 4, Tel. 0 91 96/9 29 50, www. hotel-feiler.de, Mo mittags geschl., €€)
KARTE: S. 131, b/c 2/3

Mit ihren burgenbekrönten Höhenzügen, lieblich vor sich hin mäandernden Flüssen und den bizarren Dolomitfelsen entspricht die Fränkische Schweiz nur allzu sehr dem Idealbild einer idyllischen Landschaft. Ausgedehnte Wälder wechseln sich mit Wacholderheiden ab, dazwischen setzen Streuobstwiesen bunte Akzente.

Das **Walberla**, mit 532 m eine markante Erhebung im Osten von **Forchheim**, gilt als das Wahrzeichen der Fränkischen Schweiz. Von hier aus führt das Wiesenttal, das sich hinter **Ebermannstadt** verengt, ins Herz dieser außergewöhnlichen Mittelgebirgslandschaft. Doch egal, ob Wiesent-, Püttlach-, Trubach- und Ailsbachtal, die Flusstäler selbst waren viel zu schmal, um dort eine Landwirtschaft im größeren Stil betreiben zu können, und auch auf den verkarsteten, wasserdurchlässigen Juraböden der Hochflächen war es nicht möglich, größere Erträge zu erwirtschaften. Bis heute ist die Fränkische Schweiz daher eine sehr spärlich besiedelte Region geblieben.

Wer durch die Fränkische Schweiz wandert oder fährt, der wandelt zudem auf den historischen Spuren der Romantiker: Vor über 200 Jahren begründeten nämlich zwei Berliner Studenten just auf dem Weg von Ebermannstadt nach Pottenstein die Romantik als ästhetische Kunstform. So wie seinerzeit die Schriftsteller Ludwig Tieck und Wilhelm Heinrich Wackenroder lassen sich auch heute zahllose Touristen und Wochenendausflügler von den tief eingeschnittenen Tälern, den schroffen, hoch aufragenden Dolomitfelsen und den malerischen Ruinen faszinieren. Die verträumten kleinen Ortschaften mit ihren schmucken Fachwerkhäusern sowie geheimnisvolle Höhlen mit bizarren Tropfsteingebilden verzücken Romantiker. Ja, und nicht zu vergessen die vielen zünftigen Brauereigaststätten, die zu ihrem süffigen Gerstensaft stets eine deftige Brotzeit bereithalten.

Es gibt wohl keine andere Region in Deutschland, die mehr Privatbrauereien aufzuweisen hat. In nahezu jedem kleinen Ort wird noch immer selbst gebraut. Die Gemeinde **Aufseß** rühmt sich, mit vier Brauereien und rund 1500 Einwohnern gar die größere »Brauereidichte« der Welt zu besitzen.

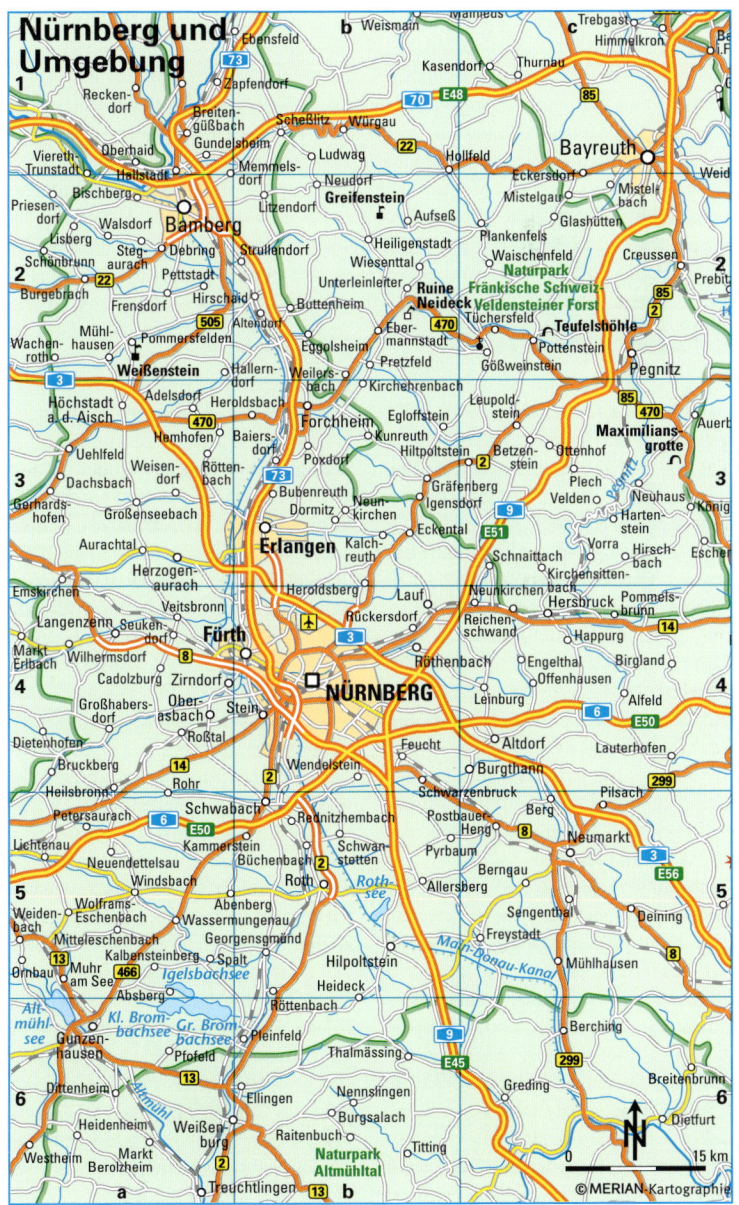

Nürnberg und Umgebung

Kein Wunder, dass man dort einen eigenen Brauereiweg ausgeschildert hat, auf dem man die Bierbrauer leichter findet. Man lässt sich einen »Braureienweg-Wanderpass« ausstellen und diesen beim Besuch der vier Braugasthäuser abstempeln. Zum Lohn für dieses aufopferungswillige Unterfangen gibt es eine Urkunde, die den trinkfreudigen Wandersmann als »Fränkischen Ehrenbiertrinker der Weltmeisterbrauereien« auszeichnet.

Wiesenttal ▶ Tüchersfeld

Durch das Wiesenttal gelangt man an der **Ruine Neideck** vorbei nach **Gößweinstein**. Markanter Blickfang ist die Fassade der Wallfahrtsbasilika zur Heiligen Dreifaltigkeit. Die Pläne für das barocke Meisterwerk stammen von keinem Geringeren als Balthasar Neumann, dem berühmten Architekten der Würzburger Residenz. Und eine Burg gibt es in Gößweinstein natürlich auch. Weitere reizvolle Ortschaften sind **Egloffstein**, **Heiligenstadt** sowie **Tüchersfeld**. Letzteres zählt mit seinen pittoresken, steil aufragenden Felsen zu den schönsten Dörfern der Fränkischen Schweiz. Die Hauptattraktion des Ortes ist jedoch das **Fränkische Schweiz-Museum** im einstigen »Judenhof«. Besonders sehenswert ist die in den Gebäudekomplex integrierte jüdische Synagoge. Die übrigen Räumlichkeiten des Museums beherbergen eine sehr anschauliche Dauerausstellung zum Landschaftsraum Fränkische Schweiz, wobei sich der thematische Bogen von archäologischen Funden der Frühzeit über die mittelalterliche Regionalgeschichte bis hin zu ländlichem Handwerk und zur bäuerlichen Wohnkultur spannt (April–Okt. Di–So 10–17, im Winter nur So 13.30–17 Uhr; www.fsmt.de; Eintritt 3 €, erm. 2,50 €).

Pottenstein ▶ Teufelshöhle

Die ungekrönte Tourismusmetropole der Fränkischen Schweiz ist jedoch **Pottenstein**. Die auf einem Dolomitfels thronende Burg Pottenstein wurde vor rund 1000 Jahren zur Sicherung der Ostgrenzen des Heiligen Römischen Reichs gegründet, später aber baulich mehrfach verändert. Ein ganz besonderes Szenario findet man alljährlich am 6. Januar beim Pottensteiner Lichterfest vor. Neben einer Lichterprozession werden auf den umliegenden Felskuppen Hunderte von Bergfeuern entfacht. Eine herrliche Möglichkeit, die Fränkische Schweiz zu erkunden, ist eine Kanutour auf der **Wiesent**. Nur das Wasser plätschert, während man gemütlich an den bizarren Felsformationen vorbei durch das Tal paddelt. Die Wiesent ist der einzige Fluss in der Fränkischen Schweiz, der mit dem Kanu oder Kajak auf einem insgesamt 28 km langen Streckenabschnitt befahren werden darf. Mehrere Kanuverleiher haben sich auf diese Touren spezialisiert. Die Ausrüstung vom Kanu über Paddel, Schwimmweste und Transportbehälter wird gestellt, der Rücktransport von der Ausstiegsstelle ist im Preis ebenfalls inbegriffen (www.leinen-los.de). Zudem lockt die **Teufelshöhle** alljährlich rund 250 000 Besucher an. Wer ein Faible für Stalaktiten und Stalagmiten besitzt, kann sich an Gebilden mit so poetischen Namen wie »Barbarossabart«, »Papstkrone« und »Kerzensaal« erfreuen (April–Okt. tgl. 9–17, im Winter nur Di sowie am Wochenende 10–15 Uhr; www.teufelshoehle.de; Eintritt 4,50 €, erm. 2,50 €).

IHRE MEINUNG IST UNS WICHTIG!

Wir möchten mit unseren Reiseführern für Sie und Ihre Reise noch besser werden. Nehmen Sie sich deshalb bitte kurz Zeit, uns einige Fragen zu beantworten. Als Dankeschön für Ihre Mühe verlosen wir traumhafte Preise unter allen Teilnehmern.

1. PREIS
Eine zweiwöchige Fernreise für zwei Personen

2. PREIS
Wochenend-Trip in eine europäische Hauptstadt

3. PREIS
Je einen von 100 Reiseführern Ihrer Wahl

Mitmachen auf
www.reisefuehrer-studie.de

Oder QR-Code mit Tablet/Smartphone scannen

MERIAN
Die Lust am Reisen

NÜRNBERG
ERFASSEN

Der staufische Palas mit Kaisersaal und Kapelle auf der Burg (▶ MERIAN TopTen, S. 55).

AUF EINEN BLICK

Hier erfahren Sie alles, was Sie über die fränkische Metropole wissen müssen – kompakte Informationen über Land und Leute, von Geografie über Politik und Verwaltung bis Sprache und Wirtschaft.

LAGE UND GEOGRAFIE

Nürnberg ist die größte Stadt Nordbayerns und erstreckt sich am Nord- und Südufer der Pegnitz auf rund 310 m über dem Meeresspiegel. Im Bereich der Altstadt wurde der 80 km nordöstlich entspringende Fluss stark kanalisiert. Nördlich der Stadt befinden sich die Waldgebiete des Sebalder Reichswaldes und das agrarisch genutzte Knoblauchsland, noch weiter im Norden beginnt die Fränkische Schweiz. Das Waldgebiet im Südosten wird Lorenzer Reichswald genannt. Zusammen mit Fürth, Erlangen und Schwabach bildet Nürnberg einen Ballungsraum mit etwa 1,2 Mio. Menschen.

POLITIK UND VERWALTUNG

Nürnberg ist die zweitgrößte Stadt des Bundeslandes Bayern und gehört zum Regierungsbezirk Mittelfranken (mit Regierungssitz Ansbach). Oberbürgermeister ist seit 2002 Dr. Ulrich Maly von der SPD, die im 2014 gewählten, 70-köpfigen Stadtrat mit 31 Sitzen vor der CSU (21 Sitze) und den Grünen (6 Sitze) die stärkste Fraktion stellt.

◄ Souvenir: Das Albrecht-Dürer-Haus en miniature auf dem Christkindlesmarkt.

SPRACHE

Genau genommen wird in Nürnberg Ostfränkisch gesprochen, wobei sich im örtlichen Dialekt auch nordbayerische Einfärbungen finden. Typisch sind z. B. das gerollte »r« sowie die weiche und teilweise gedehnte Aussprache der Konsonanten, so wird die »Tür« zur »Dürr« oder das »Wappen« zum »Wabbn«. Auch das »k« wird meistens so weich ausgesprochen, dass ein »Knödel« zum »Gniedla« mutiert. Ein »g« am Wortende wird wiederum wie ein »ch« ausgesprochen, weshalb der Nürnberger auch mit seiner Arbeit »ferddich« ist und nicht etwa »fertig«.

WIRTSCHAFT

In Nürnberg hat selbst die Zukunft Tradition. Schon im Mittelalter war der Nürnberger Witz, sprich Erfindergeist, in ganz Europa ein Begriff. Auf allen bedeutenden Märkten waren die Kaufleute der Reichsstadt vertreten – wie das Sprichwort »Nürnberger Tand geht durch alle Land« noch heute in Erinnerung ruft. Erst im 19. Jh. wuchs Nürnberg über seine Mauern hinaus und entwickelte sich zu einer modernen Industriestadt, in der insbesondere die Elektro- und Metallindustrie florierte. Firmennamen wie MAN oder die großen Bleistifthersteller Staedtler, Lyra, Schwan-Stabilo und Faber-Castell sind untrennbar mit Nürnberg verbunden. Und nicht zu vergessen: die Spielwarenindustrie, deren jahrhundertelange Tradition dazu geführt hat, dass alljährlich in Nürnberg die weltweit bedeutendste Spielwarenmesse abgehalten wird.

Apropos Messe: Nürnberg gehört zu den führenden Messestandorten Europas. Der Strukturwandel der letzten Jahrzehnte hat allerdings die traditionellen Industriezweige Maschinenbau und Elektrotechnik in eine schwere Krise gestürzt, einzig die Druckindustrie ist hiervon verschont geblieben. Gleichzeitig hat sich die Stadt Nürnberg zum beliebten Standort für die Hightechindustrie und den Dienstleistungssektor gewandelt. So betreibt etwa die Firma Alcatel-Lucent im Nordostpark ihr größtes Forschungszentrum außerhalb der Vereinigten Staaten. Die Nürnberger Versicherung und die im Steuerberatermarkt tätige DATEV sind die größten Arbeitgeber der Stadt. Hinzu kommen eine Reihe von Callcentern sowie die Marktforschungsinstitute, allen voran die GfK, die maßgeblich dazu beigetragen hat, dass gegenwärtig jeder dritte deutsche Marktforscher in der Frankenmetropole arbeitet.

Das wirtschaftliche Potenzial des Großraums Nürnberg wurde inzwischen auch von der Europäischen Union gewürdigt: Zusammen mit der Kleeblattstadt Fürth und der Universitätsstadt Erlangen bildet Nürnberg das Herzstück der »Metropolregion Franken« mit etwa 3,5 Mio. Einwohnern.

BEVÖLKERUNG: 81 % Deutsche, 19 % Ausländer (u. a. 25 000 Türken)
EINWOHNER: 509 000
FLÄCHE: 186,4 qkm
INTERNET: www.nuernberg.de
RELIGION: 36 % protestantisch, 30 % römisch-katholisch, der Rest konfessionslos oder anderer Religion
VERWALTUNG: 7 Stadtbezirke

Im Fokus
Fränkischer Dialekt und Mentalität

Die Franken und insbesondere die Nürnberger sind ein eigener Menschenschlag, dessen Schicksalsergebenheit sich in einem oft spröde-trockenen Humor äußert. Allen gemeinsam ist die Zurückweisung der Münchner Vorherrschaft.

Die Ablehnung der bajuwarischen Selbstherrlichkeit ist für einen Nürnberger geradezu identitätsstiftend. Auf keinen Fall sollte man daher den Fehler begehen, einen Nürnberger als Bayern zu bezeichnen. Dies würden viele wohl als unverzeihlich empfinden. Das schwierige Verhältnis zwischen den beiden Landesteilen hat historische Gründe: Noch immer liegt es den Nürnbergern schwer im Magen, dass sie nach der Abdankung von Kaiser Franz II. im Jahr 1806 ihre reichsstädtische Selbstbestimmung nicht nur aufgeben mussten, sondern dass sie auf Betreiben Napoleons auch noch dem Königreich Bayern unter Maximilian I. zugeschlagen wurden. Nicht genug: Bayern war katholisch, Nürnberg protestantisch. Fortan mussten sich die Nürnberger den königlichen Anordnungen beugen und als »Fürstenknechte« sogar Wehrdienst leisten, was sie sicherlich mit einem kopfschüttelnden »Allmächd« kommentiert haben. Bis heute hat man es den Bayern nicht verziehen, dass sie die reichen Kunstschätze der Reichsstadt geplündert haben. Dass die Bayern im Gegenzug die

◀ Der Nürnberger gilt als gleichmütig –
es sei denn, es geht um seinen »Glubb«.

reichsstädtischen Schulden übernommen haben und in Nürnberg erstmals eine allgemeine Schulpflicht einführten – geschenkt.

Auch in der Mentalität sind die Unterschiede spürbar: Die Nürnberger gelten als spröde und verschlossen, ertragen den Lauf der Dinge mit einem an Stoizismus grenzenden Gleichmut, der sich in den seltenen Momenten euphorischer Hochstimmung in einem »baschd scho« artikuliert. Einzig am sportlichen Schicksal ihres geliebten »Glubbs«, des 1. FC Nürnberg, nehmen sie leidvoll Anteil, denn sie wissen, der »Glubb is a Depp«. Und der Traditionsverein braucht solche gefühlsrobusten Fans: 2014 muss er zum achten Mal den Abstieg in die zweite Liga antreten.

Das Münchnerische »Mia san mia« ist dem Franken vollkommen fremd. Der Nürnberger macht »ned sua Gwerch« um nichts und behält lieber »sei Gschmarri« für sich. Als letzte Rettung zieht er sich schmollend in seine mentale Burg zurück, die so unbezwingbar ist wie die Kaiserburg. Wenn die Steuergelder wieder einmal vor allem in Oberbayern verteilt werden, dann findet er dies aber »fei ned« in Ordnung. Vor allem der Einsatz des kleinen Füllwortes »fei« eröffnet einen ganzen Kosmos von Möglichkeiten und Abstufungen, der bei vergeblichen Versuchen von »su werd des fei nix« bis hin zu »des is fei ned schee« reicht. Ein echter Freund weiß aber stets Rat: »Des musst etz fei ganz andersch machen.« Hat man sich aber wenigstens redlich bemüht, dem Ziel oder der Lösung nahezukommen, so »baschd des etz fei scho«.

WEICHE KONSONANTEN

Der Franke ist stolz auf seine weichen Konsonanten und seinen gedehnten Singsang, nichtsdestotrotz können Kommentare von Lothar Matthäus selbst einen eingefleischten Franken zum Fremdschämen veranlassen. Der »Nämbercher« sagt lieber ein Wort zu wenig als eines zu viel. Ein Umstand, der für Ortsfremde die Kontaktaufnahme nicht gerade erleichtert. Wenn zwei Thekenfreunde wortlos zusammen »a boar Seidla« trinken, dann ist dies eine echte Männerfreundschaft.

Ganz skeptisch (»des glaub i fei ned«) wird der Nürnberger, wenn ihn Sprachwissenschaftler darauf hinweisen, dass sich in seiner häufigen Verwendung von gestürzten Diphthongen deutliche oberpfälzische Merkmale ausmachen lassen. So heißen Schuhe »Schou«, Milch gibt die »Kou«, der »Brouda« ist der Bruder und der Lebkuchen schmeckt »goud«.

GESCHICHTE

*Von der erstmaligen Erwähnung bis zur Gegenwart
erlebte Nürnberg im Mittelalter als Reichsstadt ein goldenes
Zeitalter, die Industrialisierung und der Nationalsozialismus
prägten die letzten beiden Jahrhunderte.*

1050 Dunkle Anfänge

Die Anfänge Nürnbergs liegen im Dunkeln der Geschichte. Archäologischen Grabungen zufolge könnte eine Besiedlung des Burgbergs um das Jahr 1000 erfolgt sein. Die erste schriftliche Erwähnung datiert auf den 16. Juli 1050, als Kaiser **Heinrich III.** in »Norenberc« mit einer Urkunde die Freilassung einer Leibeigenen namens Sigena bestätigte. Nürnberg erfreute sich der königlichen Gunst. Auf dem mächtigen Sandsteinfelsen wurde eine gut befestigte Burganlage errichtet, in deren Schutz sich am Nordufer der Pegnitz zahlreiche Handwerker und Kaufleute niederließen. Auch eine erste Stadtmauer wurde gebaut. Durch die Verleihung von Markt-, Münz- und Zollrechten erfolgte ein weiterer wirtschaftlicher Aufschwung. Am südlichen Ufer der Pegnitz entstand eine neue Siedlung, die nach der Lorenzkirche als Lorenzer Altstadt bezeichnet wurde.

1219 Nürnberg wird Reichsstadt

Unter Friedrich Barbarossa war die Nürnberger Burg zur Kaiserpfalz erweitert worden. Auch die Stadt selbst erfreute sich der kaiserlichen Gunst: Im Jahr 1219 erhielt Nürnberg vom Stauferkaiser **Friedrich II.** die Privilegien einer »Freien Reichsstadt« und war fortan nur noch dem König untertan. Dies leitete eine langanhaltende Phase des Wohlstands ein, Nürnberg

Erste urkundliche Erwähnung Nürnbergs anlässlich der Freilassung einer Leibeigenen namens Sigena.

Um 1150

1219

Mit einem von Kaiser Friedrich II. ausgestellten Freiheitsbrief wird Nürnberg zur Reichsstadt.

1050

Der Fünfeckturm, das älteste erhaltene Bauwerk, wird errichtet.

stieg in der Folge zu einer der mächtigsten Handelsstädte in Europa auf.

Die durch den Fernhandel reich gewordenen Kaufmannsfamilien nannten sich nach römischem Vorbild Patrizier und bestimmten die politischen Geschicke der Stadt. Die bis dato getrennten Sebalder und Lorenzer Stadtteile wurden mit einer Mauer verbunden. Das zwischen beiden Quartieren liegende jüdische Viertel und insgesamt 562 Bewohner fielen 1349 einem Pogrom zum Opfer. Anstelle des Ghettos entstand der **Hauptmarkt**, und auf den Grundmauern der jüdischen Synagoge wurde die Frauenkirche errichtet.

1356 Goldene Bulle

Die herausragende Stellung Nürnbergs lässt sich daran ermessen, dass Kaiser **Karl IV.** im Januar 1356 in der »Goldenen Bulle« festlegte, dass jeder neu gewählte König des Heiligen Römischen Reiches seinen ersten **Reichstag** in Nürnberg abhalten müsse. Doch nicht genug: Kaiser Sigismund bestimmte 1423 Nürnberg als den Ort, an dem die **Reichskleinodien** aufbewahrt werden

sollten. Die Insignien der kaiserlichen Macht sollten »auf ewige Zeiten, unwiderruflich und unanfechtbar« in der Reichsstadt verbleiben. Hinter ihrem imposanten Festungsbollwerk mit seinen mächtigen Türmen und Zwingern, dessen letzte Erweiterung 1452 abgeschlossen wurde, schienen die Reichskrone, das Reichsschwert die Heilige Lanze und das Zepter sicher verwahrt. Die Nürnberger Patrizier dehnten ihren Einfluss auf das Umland aus und erwarben stattliche Landsitze, die die Reichsstadt Nürnberg zu einer bedeutenden Regionalmacht werden ließen. Wiederholt kam es zu Auseinandersetzungen mit dem alteingesessenen Landadel, so etwa im **Ersten Markgrafenkrieg** (1449–1450), als der Markgraf Albrecht Achilles vergeblich versuchte, sein fränkisches Territorium auf Kosten des Bamberger Bistums sowie der Reichsstadt Nürnberg auszuweiten.

1450–1500 Dürer und Behaim

Die zweite Hälfte des 15. Jh. gilt als Nürnbergs Blütezeit. Die Macht und der Reichtum der reichsstädtischen

In einem großen Pogrom werden 562 Juden ermordet. Anstelle des Ghettos entsteht der Hauptmarkt.

Der Bau der letzten Stadtumwallung wird abgeschlossen. Auf einer Länge von ca. 5 km reihen sich 118 Türme.

1400

1349

1356 Kaiser Karl IV. erlässt die »Goldene Bulle«.

1424 Fortan werden die Reichskleinodien bis 1796 im Heilig-Geist-Spital aufbewahrt.

Kaufleute spiegelten sich in dem geflügelten Sprichwort »Nürnberger Tand geht durch alle Land« wider. Vielerorts unterhielt die Reichsstadt eigene Handelsniederlassungen, sogar bis nach Antwerpen, Lyon und Venedig reichten die Handelskontakte.

Das Goldene Zeitalter Nürnbergs ist auch eng verbunden mit einer Reihe von renommierten **Handwerkern** und **Künstlern**, die seinerzeit in Nürnberg lebten. Allen voran natürlich der wohl berühmteste deutsche Maler Albrecht Dürer (1471–1528), der seiner Heimatstadt eng verbunden war, aber auch der Erzgießer Peter Vischer, der Bildhauer Adam Kraft, der Holzschnitzer Veit Stoß und der Schusterpoet Hans Sachs lebten und arbeiteten in Nürnberg.

Handwerk und Wissenschaft florierten, und es war sicher kein Zufall, dass damals gerade hier der Schlossermeister Peter Henlein um 1505 die älteste bekannte **Taschenuhr** konstruierte und der Tuchhändler Martin Behaim 1492 im Auftrag des Nürnberger Rates den Behaimschen Erdapfel, den ältesten erhaltenen **Globus**, anfertigte.

1529 Reformation

Wie in vielen deutschen Reichsstädten, so fielen die reformatorischen Ideen von Martin Luther auch in Nürnberg auf einen fruchtbaren Boden. Im Frühjahr 1529 erschütterten **Bauernaufstände** weite Teile Frankens. Die nach mehr sozialer Gerechtigkeit und religiöser Erneuerung strebende, oft in sozialem Elend verharrende Landbevölkerung machte zahlreiche Burgen und Klöster dem Erdboden gleich.

In Nürnberg gehörte der wortstarke Pfarrer von St. Lorenz, **Andreas Osiander**, zu den ersten Befürwortern der Reformation, schnell wurde der neue Glaube von der Bevölkerung mit Begeisterung aufgenommen. **Philipp Melanchthon** begründete in Nürnberg mit dem Egidien-Gymnasium einen neuen Schultyp. Die Lutherbibel wurde auch in Nürnberg gedruckt und in ganz Deutschland verbreitet. Nach längeren Diskussionen bekannte sich sogar der Rat zum Protestantismus und verfügte, dass in der Reichsstadt ausschließlich im evangelisch-lutherischen Sinne gepredigt werden dürfe – bis zum Jahr

1427

1471

1492

Der Tuchhändler Martin Behaim fertigt in Nürnberg den ältesten erhaltenen Globus der Welt an.

Der Burggraf Friedrich VI. verkauft seinen Titel und seine Burg an den »Rat der Stadt Nürnberg«.

Albrecht Dürer wird geboren, 1528 stirbt er auch in seiner Heimatstadt.

1806 wurde in Nürnberg kein katholischer Gottesdienst abgehalten. Das Bekenntnis zur Reformation stand allerdings im Gegensatz zu den kaiserlichen Interessen, sodass 1543 letztmals ein Reichstag in Nürnberg stattfand.

1806 Ende der reichsstädtischen Souveränität

Nürnberg zählte Anfang des 17. Jh. innerhalb seiner Mauern ungefähr 50 000 Einwohner und war damit nach Köln die bevölkerungsreichste Stadt Deutschlands. Seit dem Ende des **Dreißigjährigen Kriegs** (1618–1648) setzte jedoch ein lang anhaltender Niedergang ein, der letztlich mit dem Verlust der politischen Souveränität endete.

Nürnberg konnte nicht mehr an seine frühere Bedeutung als eine der führenden europäischen Handelsstädte anknüpfen. Der von den Patriziern dominierte Stadtrat galt als verkrustet und innovationsfeindlich, hinzu kam eine zunehmende Schuldenlast, welche die Handlungsfähigkeit immer mehr einschränkte. Das öffentliche Bauwesen kam fast vollständig zum Erliegen, so dass in Nürnberg kaum Barockbauten zu finden sind. Im Rahmen der Napoleonischen Kriege wurde Nürnberg erst von den Preußen, dann von den Franzosen besetzt. Infolge der **Rheinbundakte** wurde die Reichsstadt Nürnberg schließlich dem Königreich Bayern zugeschlagen und verlor im Jahr 1806 ihre politische Eigenständigkeit.

19. Jh. Industrialisierung

Im 19. Jh. entwickelte sich Nürnberg hingegen zu einem der führenden industriellen Zentren in Deutschland. Vor allem im **Maschinenbau** und in der **Elektrotechnik** nahm die Stadt eine Vorreiterrolle ein, die bekanntesten Firmen waren die MAN und die Elektrowerke Schuckert, die später im Siemens-Schuckert-Konzern aufgingen.

Sprichwörtlich wegweisend war auch der Bau der **ersten deutschen Eisenbahn**, die 1835 zwischen Nürnberg und Fürth verkehrte. Wenige Jahre später wurde Nürnberg durch den Ludwig-Main-Donau-Kanal zum Binnenhafen. Die Veränderungen waren erheblich: Innerhalb von nur 100 Jahren verzehn-

---

Die Freie Reichsstadt Nürnberg erklärt sich auf dem Reichstag von Speyer als protestantisch.

1806

Die Reichsstadt Nürnberg verliert ihre Eigenständigkeit.

150 JAHRE DEUTSCHE EISENBAHNEN

80

Johanna Scharrer 1785–1844

1529

1793

Die Jurastudenten Wilhelm Heinrich Wackenroder und Ludwig Tieck erkunden Nürnberg und die Fränkische Schweiz.

1835

Die erste deutsche Eisenbahn verkehrt zwischen Nürnberg und Fürth.

fachte sich die Bevölkerung auf 250 000 Einwohner, die Stadt wuchs weit über ihre historischen Grenzen hinaus.

1933–1945 Nationalsozialismus

In Nürnberg fiel die nationalsozialistische Ideologie schon früh auf einen fruchtbaren Boden. Der Gauleiter Julius Streicher zog mit seinem »**Stürmer**« bereits ab 1925 alle Register der Volksverhetzung und inszenierte sich als glühender Antisemit. In den Jahren 1927 und 1929 wurden in Nürnberg zwei **Reichsparteitage** der NSDAP abgehalten. Nach Hitlers Machtübernahme stieg Nürnberg als »Stadt der Reichsparteitage« zum Symbolort der Nationalsozialisten auf. Fortan fand alljährlich im Herbst der Parteitag statt. Dort wurden auch zentrale Botschaften verkündet, beispielsweise 1935, als die »Nürnberger Rassengesetze« verabschiedet wurden, die die Grundlage für den späteren Holocaust bildeten. Architektonisch manifestierten sich die nationalsozialistischen Herrschaftsansprüche auf dem im Südosten der Stadt errichteten Reichsparteitagsgelände.

1945 Bomben und Schutt

Nürnberg gehörte zu den am meisten zerstörten Städten Deutschlands. Als Symbol für die nationalsozialistische Herrschaft und als wichtiger Standort der Rüstungsindustrie geriet Nürnberg in den Fokus der alliierten Bombengeschwader. Bei der massivsten **Bombardierung** starben am 2. Januar 1945 ca. 1800 Menschen. Große Teile der Altstadt lagen in Schutt und Asche. Bei Kriegsende waren mehr als 80 % der historischen Bausubstanz unwiederbringlich zerstört. Sogar von Teilen der Burg und der Sebalduskirche standen nur noch die Seitenmauern, das Innere der Gebäude war ausgebrannt.

1945–1949 Nürnberger Prozesse

Die Kriegsverbrecherprozesse, die am 20. November 1945 im Nürnberger Justizpalast begannen und am 14. April 1949 mit dem letzten der zwölf Nachfolgeprozesse endeten, dienten der Aufarbeitung der nationalsozialistischen Greueltaten und besaßen einen Symbolcharakter für die Weiterentwicklung des Völkerrechts. Beim **Hauptprozess**

Die NS-Machthaber erklären Nürnberg zur »Stadt der Reichsparteitage«. Bis 1938 werden insgesamt sechs Reichsparteitage abgehalten.

1900

1923

1933

Der 1. FC Nürnberg wird gegründet. Bis heute wurde der »Club« neunmal Deutscher Fußballmeister.

Julius Streicher publiziert das nationalsozialistische, antisemitische Hetzblatt »Der Stürmer«.

wurden 1946 zwölf der 24 Angeklagten zum Tode verurteilt, darunter Julius Streicher, Alfred Rosenberg, Wilhelm Frick und Hermann Göring, der sich allerdings vor der Vollstreckung selbst das Leben nahm. Gegen andere Angeklagte wie Rudolf Heß und Albert Speer wurden lebenslange oder langjährige Haftstrafen ausgesprochen. Weitere 24 Angeklagte wurden im Rahmen der Nachfolgeprozesse zum Tode verurteilt.

Ab 1945 Wiederaufbau

Eine der größten Herausforderungen für Nürnberg war der Wiederaufbau der verwüsteten Stadt. Im Gegensatz zu anderen zerstörten deutschen Metropolen entschied man sich dafür, die alten Stadtstrukturen zu bewahren und auf den Bau von Hochhäusern in der Altstadt zu verzichten, sodass das mittelalterliche Straßenbild erhalten blieb. In wirtschaftlicher Hinsicht konnte man im Rahmen des deutschen **Wirtschaftswunders** dank florierender Unternehmen wie Siemens, MAN, AEG, Grundig und Triumph-Adler an frühere Erfolge anknüpfen. Bedeutend waren auch die **Spielwarenmesse** und die **Bundesanstalt für Arbeit**, die 1952 in Nürnberg eingerichtet worden ist. Verkehrstechnisch wichtig waren die Eröffnung des am Nordrand der Stadt gelegenen Flughafens im Jahr 1952 sowie der Bau der U-Bahn, deren erster Streckenabschnitt bereits 1972 fertiggestellt wurde. Eine politische Herausforderung war der Umgang mit dem ehemaligen Reichsparteitagsgelände und der nationalsozialistischen Vergangenheit, der mit der Errichtung des **Dokumentationszentrums** und dem **Memorium Nürnberger Prozesse** geradezu vorbildhaft begegnet wurde.

2007 Ein Titel für den »Club«

Das wichtigste Ereignis der letzten Jahre war für die Nürnberger der Sieg im DFB-Pokal im Mai 2007. Davon zehrt die leidgeprüfte Seele der Nürnberger Fußballfans bis heute. Vor allem nach dem Abstieg in der Saison 2013/2014, der Nürnberg mit acht »Titeln« zum Rekordabsteiger der Bundesliga werden ließ, ist die Erinnerung an dieses Ereignis wie Balsam auf die Wunden.

In den Nürnberger Prozessen werden führende Nationalsozialisten zu Todes- oder Haftstrafen verurteilt.

Der Internationale Nürnberger Menschenrechtspreis wird erstmals verliehen und fortan in zweijährigem Turnus vergeben.

1995

1945–1949

1950

Die Spielwarenmesse wird ins Leben gerufen.

2010

Eröffnung des Memorium Nürnberger Prozesse im historischen Schwurgerichtssaal 600.

KULINARISCHES LEXIKON

A

Apfelküchla – in heißem Fett
ausgebackene Apfelküchlein
A Seidla – eine halbe Mass

B

Baggers – Kartoffelplätzchen (Reibe-
kuchen, Kartoffelpuffer), entweder
mit Käse überbacken oder (als
Nachspeise) mit Apfelmus
Blaue Zipfel – Bratwurst im Essigsud
mit Zwiebeln, Lorbeerblättern,
Karotten, Petersilie und Pfeffer
gekocht (auch »Saure Zipfel«)
Blaukraut – Rotkohl
Bluudworschd – Blutwurst
Bodaggn – Kartoffeln
Bradwuoarschd – Bratwurst, vorzugs-
weise auf Buchenscheiten gegrillte
(Schweine-)Rostbratwürste in Fin-
gergröße
Bradwuoarschdsülzn – gesulzte
Rostbratwürste (meist mit Röst-
kartoffeln zubereitet)
Buddlasbaa – Hühnerbein
Bumbermass – Gemisch aus Dunkel-
bier, Cola und Kirschlikör

D

Dampfnudeln – in Milch und Fett
gedämpfte Hefenudeln, mit Vanille-
soße angerichtet
Dellersülzn – Schweinebauch in
Aspik
Drei in am Weggla – drei Rostbratwürste in einer Semmel

E

Einbrenne – Mehlschwitze

F

Fingernudeln – fingerlange Nudeln
aus gekochten Kartoffeln, in der
Pfanne ausgebacken
Fleischkäichla – die norddeutsche Ver-
wandtschaft heißt Boulette, Fleisch-
klops oder Hamburger, die altbaye-
rische nennt sich »Fleischpflanzerl«

G

Gaggerla – Ei
Gamillndee – Kamillentee
Gelbe Rübn – Karotten, Mohrrüben
Gelberla – Pfifferling
G'wedelter – Fisch am Spieß gebraten
(Salzhering, Makrele, Forelle; vor
allem auf Volksfesten)
Gigerla – Hähnchen
Gmäis – Gemüse
Gniedla – Klöße (vorzugsweise aus
rohem Kartoffelteig)
Grießnockerl – Suppeneinlage aus
Grieß, Butter und Eiern
Guglhupf – Napfkuchen, in der
typischen Form gebacken

H

Halbe – ein halber Liter Bier
Hax'n – Gebratene Kalbs- oder
Schweinshaxe
Hochzeitssubbn – klare Suppe auf der
Basis einer Hühnerbrühe, angerei-
chert mit Hühnerfleisch, Fleisch-
klößchen, Spargelköpfen, Nudeln
und Eierstich
Hollerküchle – Holunderblütendol-
den, in heißem Fett ausgebacken
Hopfensalat – aus jungen Hopfen-
spitzen zubereitet

Hutzelbrot – Früchtebrot aus gedörrten Zwetschgen und Birnen (»Hutzeln«) sowie Rosinen, gehackten Mandeln und Haselnüssen

K

Kesselfleisch – im Sud gekochtes Fleisch (und Innereien) mit Kartoffeln und Sauerkraut

Kirschenmännla – Kirschauflauf mit lockerem Teig

Knätzla – Brotende

Koung – Kuchen

Krautwiggerla – Kohlrouladen

Kren – Meerrettich

Kümmerlerssubbn – Gurkensuppe

L

Laffer Maß – Sekt in einem Maßkrug mit Bockbier aufgefüllt

Leberkäs – Fleischkäse (enthält weder Leber noch Käse)

Leberklößsuppn – Klöße mit Leber in einer klaren Suppe

Lebkoung – Teig aus Nüssen, Honig, Zucker, Eier, Marzipan und vielen Gewürzen, auf Oblaten gebacken

M

Mass – (die), 1 Liter Bier

Metzelsuppn – im Kesselsud zubereitetes Fleisch und Innereien

N

Naggerde – aus dem Darm gepellte Bratwurst; das rohe Bratwurstgehäck isst man mit fein geschnittenen Zwiebeln, Salz, Pfeffer und Paprika auf einer mit Butter bestrichenen Scheibe Schwarzbrot

Nürnberger Gwerch – Gemisch aus Ochsenmaulsalat, Stadtwurst, Presssack und Eierscheiben

O

Obatzter – angemachter Camembert

Obstler – Branntwein aus Obst

Ochsenmaulsalat – in Essig und Öl eingelegtes Ochsenfleisch

P

Pedderle – Petersilie

Pfannerkoungsubbn – Rindssuppe mit Pfannkuchenstreifen

Pressagg – Sülzwurst aus gepökeltem Schweinskopf, mit Essig und Öl angemacht (schwarz und weiß)

R

Reddich – Rettich

Radler – Bier mit Zitronenlimonade

Russ – Weizenbier mit Limonade

S

Saure Lunge – Lungenhaschee

Schäufele – im Ofen zubereitete Schweineschulter, die mit ihrem schaufelförmigen Knochen und der dicken Schwarte gebraten wird (fränkisches Nationalgericht!)

Scheiterhaufen – Mehlspeisenauflauf aus altbackenen Semmeln, Äpfeln, Milch, Ei und Rosinen

Schmalznudeln – Hefegebäck, in heißem Schmalz ausgebacken

Schlachtbladdn – Kesselfleisch mit Kartoffeln und Sauerkraut

Semmel (Weggla) – Brötchen

Schdaddworschd mit Musik – kalte, aufgeschnittene Stadtwurst mit Essig, Öl, Zwiebeln und viel Majoran

W

Weggla – Brötchen

Z

Zieberla – junges Huhn

SERVICE

Anreise und Ankunft

MIT DEM AUTO

Nürnberg liegt am Kreuzungspunkt von vier Autobahnen und ist ausgezeichnet an das deutsche Autobahnnetz angebunden. Die A 9 verbindet die Stadt mit München und Berlin, die A 3 führt nach Frankfurt und Regensburg, die A 6 nach Heilbronn und Amberg (bzw. Prag), über die A 73 geht es nach Bamberg und weiter nach Thüringen.

Es existiert ein hervorragendes Parkleitsystem (Park-&-Ride-Möglichkeit) an den Aus- und Einfallstraßen. Achtung: Im Stadtzentrum gibt es (nahezu) keine kostenfreien Parkplätze, und die Altstadt lässt sich mit dem Auto ohnehin nicht durchqueren.

MIT DER BAHN

Der Nürnberger Hauptbahnhof liegt zentral am südöstlichen Rand der Altstadt. Nürnberg ist erstklassig in das ICE-Netz der Deutschen Bahn integriert. Jeweils stündlich verkehren Züge in Richtung München und Frankfurt (Köln) sowie nach Hamburg.

Das regionale Streckennetz der Bahn bietet Anschluss nach Bamberg (über Erlangen und Forchheim) sowie nach Bayreuth (über Lauf, Hersbruck und Pegnitz). Weitere S-Bahnen verkehren nach Schwabach und Roth, Altdorf und Neumarkt sowie nach Ansbach.

Informationen für Fahrgäste erhält man unter www.bahn.de; telefonische Auskunft unter 1 18 61, kostenlose Fahrplanauskunft Tel. 0800/1 50 70 90, mobil 0 18 05/22 11 00.

MIT DEM FLUGZEUG

Der Nürnberger Flughafen befindet sich im Norden der Stadt und ist mit der U-Bahn (U 2) mit dem Zentrum verbunden. Nürnberg wird regelmäßig von den Airports in Frankfurt, Berlin, Hamburg, Köln/Bonn, Dortmund, Düsseldorf, Zürich und Wien angeflogen. Als Standort von Air Berlin bietet Nürnberg auch gute Anschlüsse ins europäische Ausland. Infos: Tel. 09 11/9 37 00, www.airport-nuernberg.de.

Auf www.atmosfair.de und www.myclimate.org kann jeder Reisende durch eine Spende für Klimaschutzprojekte für die CO_2-Emission seines Fluges aufkommen.

Auskunft

IN ÖSTERREICH UND DER SCHWEIZ

Deutsche Zentrale für Tourismus

– Mariahilfer Str. 54 | 1070 Wien | Tel. 01/15 13 27 92 | www.deutschland-tourismus.at

– Talstr. 62 | 8001 Zürich | Tel. 0 44/2 13 22 00 | www.deutschland-tourismus.ch

IN NÜRNBERG

Congress- und Tourismus-Zentrale Nürnberg

Postfach 4248 | 90022 Nürnberg | Tel. 09 11/2 33 60 | www.tourismus.nuernberg.de | nur telefonische Auskunft, Hotelreservierung und Prospektversand

Tourist Information

– Sebalder Altstadt | Hauptmarkt 18 | Tel. 09 11/2 33 61 35 | Mo–Sa 9–18, Mai–Okt. auch So 10–16 Uhr   ◢ B 5

– Lorenzer Altstadt | Im Kopfbau des
Künstlerhauses (nahe Hauptbahnhof),
Königstr. 93 | Tel. 09 11/2 33 61 32 |
Mo–Sa 9–19 Uhr ⚑ C 6

Tourismusverkehrsverband Franken e. V.

Postfach 810269 | 90247 Nürnberg |
Tel. 09 11/26 42 02 | www.franken
tourismus.com | nur telefonische
Auskunft und Prospektversand

Buchtipps

Hermann Kesten: Josef sucht die Freiheit (Ullstein, 1998) Der bekannteste Nürnberger Autor des 20. Jh. droht in Vergessenheit zu geraten, daher muss man seinen in Nürnberg spielenden Debütroman inzwischen im Antiquariat kaufen.
Christiane Kohl: Der Jude und das Mädchen (Hoffmann und Campe, 1997) Die Autorin schildert in diesem Roman die Geschichte des Nürnberger Fotohändlers Leo Katzenberger, der von den Nazis 1942 aufgrund dubioser Vorwürfe hingerichtet wurde. Verfilmt als »Leo und Claire« von Joseph Vilsmaier.
In **Das Zeugenhaus** (Goldmann Taschenbuch, 2006) erzählt sie von den Nürnberger Prozessen und der Aufarbeitung der NS-Diktatur.
Ralf Nestmeyer: Die touristische Entdeckung einer Stadt (amazon kindle). Reiseberichte zu Nürnberg vom Mittelalter bis zum 20. Jh.
Steffen Radlmaier (Hg.): Der Nürnberger Lernprozess (Eichborn Verlag, 2001) Ebenfalls ein Buch zu den Nürnberger Prozessen: eine

umfangreiche wie kompetente Darstellung des Prozessablaufs aus Sicht bedeutender Schriftsteller.
Asta Scheibs: Eine Zierde in ihrem Hause (rororo Taschenbuch, 2000) Ein spannender Roman, der vom Schicksal der Ottilie von Faber-Castell berichtet, einer (Bleistift-)Gräfin, die der Liebe willen auf Familie und Vermögen verzichtete.
Martin Schieber: Geschichte Nürnbergs (C. H. Beck Verlag, 2007) Eine kurze, aber sehr kundige Darstellung der Nürnberger Historie.

Eintrittskarten
Kartenvorverkauf
Nürnberg Ticket im U1 Concept Store |
U-Bahn-Ausgang »Weißer Turm« |
Tel. 20 42 95

Feiertage
1. Januar Neujahr
6. Januar Heilige Drei Könige
Karfreitag
Ostersonntag
Ostermontag
1. Mai Tag der Arbeit
Pfingstsonntag
Pfingstmontag
Fronleichnam
3. Oktober Tag der deutschen Einheit
1. November Allerheiligen
25./26. Dezember Weihnachten

Fundbüro
Fundbüro Stadt Nürnberg ⚑ D 4
Galgenhof | Siebenkeesstr. 4 | Tel. 81 00
97 70 | www.fundbuero-nuernberg.de |
Mo–Mi 9.30–16, Do 9.30–18, Fr 9.30–
12.30 Uhr

Links und Apps

LINKS

www.curt.de/nbg
Mit Infos und Tipps zum Nachtleben und Einkaufen in der Stadt.
www.doppelpunkt.de
Vielfältige Veranstaltungsinfos.

Über die Umgebung Nürnbergs geben folgende Seiten Auskunft:
www.fuerth.de
www.erlangen.de
www.fraenkische-schweiz.com
www.fraenkischeseen.de
www.gscheitgut.de

APPS

Fahrinfo VGN
Aktuelle Fahrplanauskunft für alle öffentlichen Verkehrsmittel.
Gratis | für iOS und Android

Medizinische Versorgung

KRANKENVERSICHERUNG

Die Vorlage einer Europäischen Krankenversicherungskarte (EHIC) ist ausreichend. Als zusätzlicher Versicherungsschutz empfiehlt sich aber der Abschluss einer Auslandskrankenversicherung, da diese Krankenrücktransporte mitversichert.

ÄRZTLICHER NOTDIENST

– Ärztlicher Bereitschaftsdienst |
Tel. 116117
– Ärztliches Bereitschaftszentrum |
Adcom Center | Bahnhofstr. 11a
– Zahnärztlicher Notdienst |
Tel. 58888355

APOTHEKEN

Apotheken sind in der Innenstadt in der Regel von 8 bis 20 Uhr geöffnet.

Nebenkosten

1 Tasse Kaffee	3,00 €
1 Bier	3,00 €
1 Cola	2,50 €
1 Brot (ca. 500 g)	1,70 €
1 Schachtel Zigaretten	6,00 €
Öffentliche Verkehrsmittel (Einzelfahrt)	2,30 €
Mietwagen/Tag	ab 40,00 €

Notruf

Polizei, Feuerwehr, Rettungsdienst
Tel. 112

Nürnberg Card

Wer mindestens eine Nacht in einem Nürnberger Hotel, der Jugendherberge oder auf dem Campingplatz verbringt, kann für 23 € (Kinder bis 12 Jahre gratis) mit der Nürnberg Card zwei Tage lang kostenlos (fast) alle Museen in Nürnberg besuchen und die öffentlichen Verkehrsmittel zum Nulltarif nutzen. Zudem gibt es bis zu 25 % Nachlass bei verschiedenen Geschäften, im Kino und bei Stadtführungen. Erhältlich ist die Nürnberg Card bei der Tourist Information sowie in vielen Hotels.

Post

Briefmarken bekommt man in den einzelnen Postfilialen, z. B. in der Hauptpost gleich beim Hauptbahnhof. Eine Postkarte nach Österreich und in die Schweiz kostet 0,75 €.

Reisedokumente

Österreicher und Schweizer können mit einem gültigen Reisepass oder Personalausweis (Identitätskarte) einreisen. Kinder unter 16 Jahren müssen im Pass eines Elternteils eingetragen sein oder benötigen einen Kinderausweis.

Reisewetter

Nürnberg liegt im Fränkischen Becken, was geringere Niederschläge und höhere Durchschnittstemperaturen als in vielen Teilen Deutschlands bedingt.

Schwimmbäder

FREIBÄDER

www.nuernbergbad.de (alle Bäder)
– Freibad West | Gostenhof | Wiesentalstr. 41 | Tel. 33 02 62
– Naturgartenbad | Erlenstegen | Schlegelstr. 20 | Tel. 59 25 45
– Stadionbad | Dutzendteich | Hans-Kalb-Str. 42 | Tel. 86 92 87
– Langsee (Natursee) | Mögeldorf | Ebenseestr. 35 | Tel. 54 35 16

HALLENBÄDER

– Langwasserbad | Langwasser | Breslauer Str. 251 | Tel. 80 39 79
– Nordostbad | Nordöstl. Außenstadt | Elbinger Str. 85 | Tel. 51 50 25
– Südstadtbad | Galgenhof | Allersberger Str. 120 | Tel. 44 38 84

SPASSBÄDER

Palm Beach | Stein | Albertus-Magnus-Str. 29 | Tel. 68 83 50 | www.palm-beach.de

Sport

FUSSBALL

Der 1. FC Nürnberg trägt seine Heimspiele im Grundig-Stadion aus (Max-Morlock-Platz 1). Tickets bekommt man im Fanshop in der Ludwigstr. 46 (Tel. 2 17 31 21, www.fcn.de).

Stadtführungen

Es gibt in Nürnberg mehrere Anbieter von historischen oder themenbezogenen Stadtführungen. Ein besonders breites Angebot bietet der Verein Geschichte für Alle, der beispielsweise auf den Spuren von Kaspar Hauser oder Albrecht Dürer durch die Stadt führt, aber auch Rundgänge zum Nationalsozialismus und zur Jüdischen Geschichte Nürnbergs in seinem Programm hat (Kosten 7 €). Informationen über Themen und Termine bei: Geschichte für Alle e.V., Wiesentalstr. 32, Tel. 33 27 35, www.geschichte-fuer-alle.de.

Der Verein der Gästeführer Nürnbergs organisiert täglich um 13.30 Uhr eine Führung durch die Altstadt (Mai–Okt. auch Sa 10.15 und 20 sowie So 10.15 Uhr, Tickets 7 €). Treffpunkt ist die Tourist-Info am Hauptmarkt. Weitere Touren unter: www.nuernberg-tours.

Klima (Mittelwerte)

	Januar	Februar	März	April	Mai	Juni	Juli	August	September	Oktober	November	Dezember
Tages-temperatur	2	4	9	13	19	22	24	23	20	14	7	3
Nacht-temperatur	-4	-3	-1	3	7	11	12	12	9	5	1	-2
Sonnen-stunden	2	3	4	6	7	7	8	7	6	4	2	1
Regentage pro Monat	10	9	9	10	11	11	10	9	8	7	10	10

de. Interessant ist auch das Angebot Schichtwechsel, bei dem sozial benachteiligte Bürger als Stadtführer fungieren (Tel. 21 75 93 13, E-Mail: schichtwech sel@strassenkreuzer.info, Tickets 6 €).

Stadttouren

STADTRUNDFAHRTEN

– Mit dem Bus: Mai–Okt. sowie während des Christkindlsmarktes tgl. um 9.30 Uhr | Abfahrt: Hallplatz (bei der Mauthalle) | Tel. 20 229 10 | Dauer 2,5 Std. | Kosten 17 €, Kinder 8,50 €
– Mit der Bimmelbahn: April–Okt. sowie im Dez. tgl., sonst nur am Wochenende | www.nuernberg-tourist.de | Abfahrt 10.30, 11.15, 12.15, 13, 14, 15 und 16 Uhr am Hauptmarkt (Schöner Brunnen) | Dauer 30–40 Min. | Kosten 7 €, erm. 6 bzw. 3 €

Telefon

VORWAHLEN

A, CH ▸ Deutschland 00 49
Deutschland ▸ A 00 43
Deutschland ▸ CH 00 41
Nürnberg 09 11

Tiere

Hunde und Katzen aus Österreich und der Schweiz benötigen zur Einreise einen EU-Heimtierausweis bzw. einen Schweizer Heimtierausweis (stellt der Tierarzt aus) mit Nachweis einer Tollwutimpfung. Das Tier muss durch einen Mikrochip identifizierbar sein. Für Schweizer Hunde und Katzen ist zusätzlich eine Gesundheitsbescheinigung vom Tierarzt erforderlich.

Verkehr

FAHRRAD

Nürnberg lässt sich hervorragend mit dem Fahrrad erkunden, ein netter Aus-

flug führt entlang der Pegnitz nach Fürth. Ein breites Angebot an Leihrädern bietet Ride on a Rainbow (Adam-Kraft-Str. 55, Tel. 39 73 37, www.ride-on-a-rainbow.de, Mo, Di, Do, Fr 10–19, Sa 10–15.15 Uhr).

ÖFFENTLICHE VERKEHRSMITTEL

Der Verkehrsverbund Großraum Nürnberg (VGN) besitzt ein hervorragendes Verkehrsnetz mit U-Bahnen, Straßenbahnen und Bussen. Am Wochenende verkehren zudem von 1 bis 4 Uhr morgens die Night-Liner-Busse (Abfahrt vom Hauptbahnhof).
Die einfache Fahrt kostet 2,30 € für Erwachsene sowie 1,20 € für Kinder bis 14 Jahre. Es gibt außerdem eine Kurzstrecke für 1,70 bzw. 0,80 €. Die Fahrscheine müssen jeweils bei Fahrtantritt entwertet werden. Lohnend ist eine 10er-Streifenkarte (10,50 € bzw. 5,30 €) sowie das TagesTicket Solo (4,60 €) oder das TagesTicket Plus (7,60 €) für bis zu sechs Personen (davon bis zu zwei Erwachsene). Das TagesTicket ist für den gleichen Preis das ganze Wochenende gültig. Wer eine Woche in Nürnberg bleibt, sollte sich eine 7-Tage-MobiCard besorgen (20,10 € für zwei Erwachsene und bis zu vier Kinder, gültig ab 9 Uhr). Teurer sind Karten, die den gesamten Verkehrsverbund abdecken (Mittelfranken und angrenzende Städte). Weitere Informationen erteilt das VAG-KundenCenter im U-Bahnhof (Verteilergeschoss) beim Hauptbahnhof unter Tel. 2 83 45 45 bzw. www.vgn.de.

TAXI

Auch zu Messezeiten stehen in Nürnberg genügend Taxis zur Verfügung. Die Zentrale ist über Tel. 1 94 10 erreichbar.

Die Grundgebühr beträgt derzeit 3 €, für den ersten Kilometer kommen 3 € hinzu, für jeden weiteren 1,50 €.
www.taxi-nuernberg.de

Zeitungen und Zeitschriften

Die meistgelesene regionale Tageszeitung sind die »Nürnberger Nachrichten«, die mit ihren verschiedenen Lokalausgaben den gesamten Großraum abdecken. Unter www.nn-online.de kann man sich im Internet über aktuelle Ereignisse und Veranstaltungen kundig machen. Im gleichen Verlagshaus erscheint die konservativere »Nürnberger Zeitung«, die in Umfang und Ausstattung der großen Schwester ähnelt (www.nz-online.de). Auch der Boulevard ist mit der lokalen »Bild«-Ausgabe vertreten. Interessant ist außerdem das Sozialmagazin »Straßenkreuzer«, das von Menschen in sozialer Notlage verkauft wird (www.strassenkreuzer.info). Monatlich erscheint das Stadtmagazin

»Plärrer«, das über Konzerte, Partys und Kulturereignisse informiert und einen umfangreichen Restaurant- und Shoppingteil besitzt. Zudem gibt es im Handel ein aktuelles MERIAN-Heft.

Zoll

Reisende aus Österreich dürfen Waren abgabefrei mit nach Hause nehmen, wenn diese für den privaten Gebrauch bestimmt sind. Bestimmte Richtmengen sollten jedoch nicht überschritten werden (z. B. 800 Zigaretten, 90 l Wein, 10 kg Kaffee). Weitere Auskünfte unter www.zoll.de und www.bmf.gv.at/zoll.
Reisende aus der Schweiz dürfen Waren im Wert von 300 SFr abgabefrei mit nach Hause nehmen, wenn diese für den privaten Gebrauch bestimmt sind. Tabakwaren und Alkohol fallen nicht unter diese Wertgrenze und bleiben in bestimmten Mengen abgabefrei (z. B. 200 Zigaretten oder 2 l Wein). Weitere Auskünfte unter www.zoll.ch.

Entfernungen (in Minuten) zwischen wichtigen Sehenswürdigkeiten
*mit öffentlichen Verkehrsmitteln

	Hauptbahnhof	Neues Museum	Lorenzkirche	Germanisches National-museum	Sebaldus-kirche	Burg	Spielzeug-museum	Hauptmarkt	Tiergarten	ehem. Reichs-parteitagsge-lände
Hauptbahnhof	–	3	8	10	20	30	25	18	25*	20*
Neues Museum	3	–	5	5	15	25	20	13	28*	23*
Lorenzkirche	8	5	–	5	12	22	17	10	35*	30*
Germanisches Nationalmuseum	10	5	5	–	10	15	22	10	35*	30*
Sebalduskirche	20	15	12	10	–	8	3	5	40*	45*
Burg	30	25	22	15	8	–	5	8	40*	45*
Spielzeugmuseum	25	20	17	22	3	5	–	5	40*	45*
Hauptmarkt	18	13	10	10	5	8	5	–	40*	45*
Tiergarten	25*	28*	35*	35*	40*	40*	40*	40*	–	50*
ehem. Reichsparteitagsgelände	20*	23*	30*	30*	45*	45*	45*	45*	50*	–

ORTS- UND SACHREGISTER

Wird ein Begriff mehrfach aufgeführt,
verweist die **fett** gedruckte Zahl auf die Hauptnennung.
Abkürzungen: Hotel [H] · Restaurant [R]

Erlesene

Auf den Spuren berühmter
Persönlichkeiten

Ziele

MERIAN

Die Lust am Reisen

Liebe Leserinnen und Leser,

vielen Dank, dass Sie sich für einen Titel aus unserer Reihe MERIAN *momente* entschieden haben. Wir wünschen Ihnen eine gute Reise. Wenn Sie uns nun von Ihren Lieblingstipps, besonderen Momenten und Entdeckungen berichten möchten, freuen wir uns. Oder haben Sie Wünsche, Anregungen und Korrekturen? Zögern Sie nicht, uns zu schreiben! Alle Angaben in diesem Reiseführer sind gewissenhaft geprüft. Preise, Öffnungszeiten usw. können sich aber schnell ändern. Für eventuelle Fehler übernimmt der Verlag keine Haftung.

© 2015 TRAVEL HOUSE MEDIA GmbH, München
MERIAN ist eine eingetragene Marke der GANSKE VERLAGSGRUPPE.

TRAVEL HOUSE MEDIA
Postfach 86 03 66
81630 München
merian-momente@travel-house-media.de
www.merian.de

BEI INTERESSE AN MASSGESCHNEIDERTEN MERIAN-PRODUKTEN:
Tel. 0 89/4 50 00 99 12
veronica.reisenegger@travel-house-media.de

BEI INTERESSE AN ANZEIGEN:
KV Kommunalverlag GmbH & Co KG
Tel. 0 89/9 28 09 60
info@kommunal-verlag.de

1. Auflage

VERLAGSLEITUNG
Dr. Malva Kemnitz
REDAKTION
Susanne Kronester
LEKTORAT
Ewald Tange, tangemedia, München
BILDREDAKTION
Susann Jerofsky, Barbara Schmid
SCHLUSSREDAKTION
Heidemarie Herzog
HERSTELLUNG
Bettina Häfele, Katrin Uplegger
SATZ/TECHNISCHE PRODUKTION
Ewald Tange, tangemedia, München
REIHENGESTALTUNG
Independent Medien Design, Horst Moser, München (Innenteil), La Voilà, Marion Blomeyer & Alexandra Rusitschka, München und Leipzig (Coverkonzept)
KARTEN
Gecko-Publishing GmbH für MERIAN-Kartographie
DRUCK UND BINDUNG
Firmengruppe APPL, aprinta Druck, Wemding

Ein Unternehmen der
GANSKE VERLAGSGRUPPE

PEFC/04-32-0928

NÜRNBERG GESTERN & HEUTE

Der **Weinstadel** (▶ S. 66) ist mit einer Länge von 48 m einer der größten Fachwerk-bauten Deutschlands und gehört zu den wenigen Gebäuden Nürnbergs, die den Zweiten Weltkrieg optisch unversehrt überstanden haben. Ursprünglich im 15. Jh. als Sondersiechenhaus für Leprakranke errichtet, beherbergte das Erdgeschoss ab 1571 das städtische Weinlager. Zusammen mit dem benachbarten Wasserturm wurde der Weinstadel 1950 zu einem Studentenwohnheim umgebaut.